U0642036

为什么
你的孩子
不如别人成功

雨桦 / 著

人民东方出版传媒

东方出版社

序

写给父母的话：种瓜得瓜，种豆得豆

我们先看一组有趣的例子。

200多年前，美国康涅狄格州有一位集神学家、哲学家和道德学家于一身的学者，他的名字叫嘉纳塞·爱德华。到目前为止，他的子孙已传了8代。其中，有13人当了大学校长，100多人任大学教授，14人创建了大学或专科学校，80多人成了文学家，1人就任副总统，1人做了大使，20多人任上下两院的议员，18人成了报社、杂志社的负责人或者主编。

200多年前，美国纽约有一个叫作马克斯·朱克的酒鬼、赌徒，他的子孙也有8代。其中，有300多人成了乞丐和流浪者，7人因杀人被判处死刑，63人因偷盗、诈骗等被判刑，因喝酒夭亡或成为残废者的也甚多。

50多年前，美国纽约成立了一个儿童救护会。该救护会专门收容、抚养弃儿、孤儿和贫儿，并把这三类儿童送到可靠的农家寄养。50多年间，他们共收容、照顾了28 000名这种孩子，其中大约有87%的孩子成为了出色的人物。有的当了州长、总督、高级审判官、市长及州会计检察官，还有24人被选为美国国会议员，9人被选为州议会议员。

可见，近朱者赤，近墨者黑。

有人说天下没有不对的父母，只有不懂事的儿女。时代在发展，认知在进步，这句话显然太绝对。任何人都会犯错误，包括父母，虽然，父母不知不觉犯下的错误，其主观意愿和前提都是为了孩子。

没错。

在我看来，无论父母识字与否，是农民还是白领，是博士还是打工者，对孩子的将来发展并不重要，重要的是你能给孩子提供一个什么样的成长环境，能让孩子在什么环境与心态下成长。世间有寒门出贵子，白屋出公卿；也有权贵者沦为乞丐、阶下囚，成长环境对孩子的影响至关重要。

沙漠寸草不生，针叶松则多生长在高寒地带。

进入自然界，你就会发现，纬度越高，温度越低的地方，植被的叶子越窄，尖而细小；低纬度植物正好相反，树叶宽阔，它们集中而生，称为阔叶林。之所以出现这种情况，是因为北方相对南方雨水少，气候寒冷，植物为防止自身体内水分大量蒸发，叶子就长成窄小尖细的模样；南方一年四季雨水丰沛，树木自然被滋养得青翠欲滴。

什么样的环境生长什么样的东西。如果把干旱地区的沙棘放在多雨的南方，它会因雨水过多死亡。相反，芭蕉若生活在北方，也会因干旱寒冷而死亡。

孩子的成长与植物的生长一样。

每个孩子都是一粒健康、积极、向上的种子，而父母的一言一行则影响着孩子的一生。

这种影响是无形的，但根深蒂固。父母是孩子人生的领路人，宽容的家庭里长大的孩子自小懂得包容、分享。父母善良，孩子也会善小而为之。虽然父母不一定把这句话教给他，但他们早已用行动告诉孩子"送人玫瑰，手有余香"的道理。

父母好学上进，乐于接受新生事物，他的孩子多半会求知若渴。

父母不学无术，整日怨天尤人，他的孩子多半会好吃懒做。

孩子的心灵是一张白纸，你在他眼睛里画下什么，他就会看到什么。你把河流污染成了黑色，孩子就以为河流是黑色的；你把白云形容成粉色，孩子就以为白云是粉色的。你用凡事善为的原则影响孩子，孩子自然不会用暴力解决不开心的事；你用怀疑的眼光看待一切，不知不觉间便在孩子的心灵土壤中播下了冷漠的种子；你用热情和阳光的心态投入每一天的生活，孩子的世界就是开满鲜花的原野……

你希望孩子将来成为什么样的人，那就给他一个什么样的世界，种瓜得瓜，种豆得豆。

目　录

第一章
是谁剪断了孩子飞翔的翅膀

"另类孩子"，脑子有问题？

案例："另类孩子"为什么会有"稀奇古怪"的想法？

学校不允许老师把孩子分成好坏两种，不允许把差生说成坏孩子。而事实是，只要孩子在群体中有不太一样的表现，就会被大家不约而同地归为"另类"。

另类听起来没有坏的意思，但总给人"格色"之感。与另类相比，我更愿意把这样的孩子叫成"坏小孩"。因为"坏小孩"的"坏"与品行无关，他们稀奇古怪的想法不过是他们对世界的探索，是对自己幼稚想法的证明而已。

爱迪生是世界著名的科学家，他小的时候，经常有一些不合常理的想法，令人头疼。听说有一种药粉人吃了就能像长了翅膀一样飞起来，他就想方设法说服邻居小孩吃下，邻居小孩信以为真，结果，吃下后，不但没飞起来，还肚子疼得满地打滚，只好找医生来抢救。他在学校的时候，也经常问老师一些"怪异"的问题。老师非常讨厌他，还当着他母亲的面，气急败坏地训斥爱迪生："不可教也！"爱迪生的母亲不但没有批评儿子，还与老师理论起来。学校里没有老师愿意教爱迪生，母亲不得不把他领回家，自己教他。

爱迪生整天满脑子稀奇古怪的想法，大家都认为他脑子有问题。一次，他蹲在鸡窝里不肯出来，模仿母鸡下蛋，还问妈妈，母鸡趴在蛋上，就有小鸡生出来，他趴在蛋上怎么就生不出小鸡来？

爱迪生的母亲从来不觉得儿子脑子有问题，更不觉得儿子思考的问题多么怪异。相反，她特别欣赏儿子刨根问底的精神，并鼓励他认真观察事物。

后来，爱迪生成为了伟大的发明家。他一生有2 000多项发明，在他所有的发明中，电灯的发明对人类的影响最为深远。1879年，爱迪生发明了第一盏电灯，结束了蜡烛和油灯的照明历史，推动人类跨入了电气时代。

大科学家爱因斯坦小时候也不是一个招人喜欢的孩子，经常被人讥笑，说他木讷。有一次，母亲带他出去与同伴玩，别人玩得欢快，他坐在树下独自看着天空发呆。同去的一位孩子的母亲告诉爱因斯坦的母亲，她的孩子脑子"不正常"。爱因斯坦的母亲说，她的儿子正在思考一些伟大的事情。

多年以后，爱因斯坦果然成为举世瞩目的大科学家。

如果说爱迪生、爱因斯坦离我们太遥远，那么苹果公司的创始人乔布斯便是发生在我们身边的一个很好的例子。乔布斯性格孤僻，不懂人际交往，做事执着疯狂，但就是这样一个人，创造了苹果公司，创造了科技的完美时代。

很多小时候看起来另类的孩子，长大后成了行业精英。

这是为什么呢？

◎ 分析：为什么孩子的另类想法能成就与众不同的自己？

孩子上幼儿园、小学或中学时，都在一个起跑线上，分不出高下，大学毕业以后的数年间，人生开始出现分水岭。有的人成了单位的领导者，有的人成了行业精英，有的人自己开公司当老板，功成名就，风光无限。有的人则穷困潦倒，事事不如意。

同样是人，同样大学毕业，同样很努力，有的人顺风顺水地成功了，有的人挫折连着挫折，折腾了一番后，从终点回到起点，人生一败涂地。

原因很简单。古人常说行成于思，要想成为行业内的佼佼者，除了要付出比别人更多的汗水以外，更应该善于发现问题、解决问题。就像一棵大树，仅有合适的土壤它不能枝繁叶茂，还要有阳光雨露，它才能开花结果，成为栋梁。善于发现并解决问题便是个人成才的"阳光雨露"。人生是一场只能前行无法后退的马拉松赛跑，所走的每一条路都是赛道。不惧风雨，找机会弯道超车，勤于思考，像战士一样越挫越勇，才能战胜所有的困难，成为强者。

人生不如意看似是成年人自己的问题，事实上，在他还是孩子时，这些问题已经有了苗头。另类孩子喜欢思考，爱问为什么，他们善于发现问题，发现问题以后，自己也会试着寻找解决的方法。"听话"的孩子循规蹈矩，不善于发现问题，也不会主动解决问题，这样的孩子长大后往往变得平庸，不敢冒险，有了想法或者梦想也会前怕狼后怕虎。稍遇到一点小小的波折，就会手足无措。

孩子的思维没有定位，没有所谓成年人的"经验"。"经验"可以让我们避免失误，但同时它也框住了一些从不可能成为可能的尝试。

另类孩子思维活跃，天马行空，思想敏锐。他们不"安分守己"，无非是他们的行为不符合成年人循规蹈矩的要求。大人认为不可能的事孩子总认为可能，细心观察这些喜欢打破砂锅问到底的孩子，会发现他们的智慧都有超常的一面。如果顺势而为，正确引导孩子，他们在某一方面的兴趣就会被点燃，当兴趣被点燃，潜力就会得到最大程度的发挥，孩子很容易在自己感兴趣的领域成为佼佼者。

◎ 父母应该明白的道理：孩子"脑子有问题"多是大人眼光有问题

成年人习惯了经验，常用世俗的眼光看待孩子的行为。

只要学习好，听家长的话，哪怕有其他毛病，也是好孩子，这叫"一俊遮百丑"。

学习一般，不太听家长的话，就算他聪明，喜欢钻研，也不能算是好孩子。父母不但不会保护孩子的好奇心，反而会因为孩子经常做出格的事，不好管理，让人操心，认定他为"不可教也"的"另类"。

一个"另"字，却有可能从此改变孩子命运的走向。至少，这个被定为"另类"的孩子，他的童年、少年时光会过得不快乐。因诸多行为不符合成年人的要求，他会招致父母、老师的反感。反感多了，孩子会无所适从，有时还会被同学孤立。当这些负面情绪积累到一定程度时，就会对孩子的心灵造成严重的伤害。这些伤害看不见，摸不着，但它又是实实在在地存在着的，是内伤，往往被父母们忽略。

外伤容易看见，几帖药见效；内伤隐蔽性强不说，也不容易遇到良医。所以，直到溃烂、化脓，发出臭味以前，你可能都不会看到。当你真的闻到异味，看到溃烂流脓的内伤时，也多半没有有效药可医治。换作孩子的人生，成年以后，会出现各种各样的问题，到那时，想"补牢"也为时已晚。

不要给孩子轻易贴上一个"另类"标签。

你没见到西瓜成熟的时候，怎么能断定它长大以后不甜？

人生不到最后，别说他是失败者。

好与坏，不过是成年人对一个未成年孩子的有色看法。试想，孩子的人生还没有开始，我们不是大师，没有先知先觉的功能，连我们自己的人生都不能很好地把握，怎么能把一个小孩子还没有开始的人生看透、看穿？

就拿爱迪生来说，如果当初他妈妈把他归为另类，认为他像老师说的那样无可救药，对他非打即骂，那么爱迪生很可能最后也沦为平庸，变得碌碌无为。

可是，哪个父母又会真的反思自己错误的教育行为呢？

"另类"两字，从嘴里说出来很简单，但是，对孩子即将开始的人生影响很大。往往成年人不经意的一句话就有可能扼杀了一名科学家、工程师、艺术家……

仅仅因他不听话，他的想法与别人不一样，得不到你的认可，便给他贴上"另类"标签，这实际上是父母们需要思考并改正的问题。

孩子没有性价比

◎ 案例：给我闭嘴

我家附近有一座体育馆，每天下午 3 点，我结束一天的工作后都会去那里锻炼。体育馆人很多，都是上体育课的学生，有人打羽毛球，有人练跆拳道，有人练柔道，有人打乒乓球……体育馆里还经常举办各种比赛，场上是跃跃欲试的孩子，场下则是孩子们的父母。

有一天下午，几个小学举行乒乓球比赛。第一场下来，有位一年级小男生，因动作不规范，失了分数，教练不仅当着家长的面数落了孩子，还毫不客气地给了他一个耳光。小男孩身体贴着墙，腰板儿直直地站在那里，眼含泪水，一声不敢吭。随后，他被父母叫到跟前，母亲狠狠地拧了他的屁股，小男孩疼得大叫，满地跑，别的小孩儿一脸惊恐地看着他。母亲的暴力行为停止以后，孩子擦干眼泪，重新返回赛台。

这个小男孩每天下午放学后在体育馆打球，聪明、机灵，十分可爱。与他的母亲交谈得知，他只有 7 岁。在我看来，他是个很优秀的孩子了，没有必要再苛求他完美无缺。

当时有好几个孩子出现动作失误，家长的做法几乎雷同，没有人关心孩子打得是否开心快乐，而是直截了当地质问孩子为什么出现失误。在父母眼中，孩子就不该也不能出现失误。然后，父母们又指着赛场上的谁谁，你看人家打得多好。有个孩子在父母指责他不如别人打得好时，飞快地还嘴说："人家他爸还是局长呢？你怎么不是？"

这位父亲当即踢了孩子一脚，让他闭嘴。

孩子果然闭嘴了，但不是缘于对父亲的尊敬，而是对那一脚带来的疼痛的敬畏。

父母用一双"明察秋毫"的眼睛看着孩子在场上的每一个动作，明明孩子可以自由地发挥，一看到那双紧盯自己的眼睛，就会从心里打怵、害怕，在这样一种情况下，孩子怎么可能发挥得好？怎么能够快乐地打球？怎么能够淋漓尽致地发挥自己的特长？

在我看来，不过是几个学校打比赛，那个失去的名次怎么能与孩子参与活动所获得的快乐相提并论？让孩子在打球的过程中学会参与，学会自我重塑、自我发现，这远比一个名次重要得多。望子成龙的心情可以理解，但人无完人，懂得这个道理还要求孩子事事完美，就是强人所难。

◎分析：为什么父母喜欢把孩子和别人作比较

孩子最怕父母说，你看谁谁，比你强百倍！

你看谁谁，人家什么都拿第一！

你看你！怎么这么笨！

今天王小小得了奥数冠军，明天李蛋蛋拿了绘画大奖，后天张多多考了钢琴顶级。如果这样比下去，优秀的孩子很多，你比得完吗？这跟我们成年人与人比房子、比车子是一个道理，比你房子大、车子好的人比比皆是，想想你在这些人面前什么感觉，再换位思考想想你的孩子，你还觉得整天把他跟别人比来比去合理吗？

我这样说会有一堆父母跟我"理论"，说他们不是我说的这个意思。我知道父母的本意是，把张三李四优秀的一面展现给自己的孩子看，让他学习人家的好，赶超对方。然而在你说的过程中，孩子的大脑会快速处理这个信息，经过处理后，结论如下：他这也不如人，那也不如人。孩子看到这个诊断后吓自己一跳：原来自己真的啥也不是！让他不敢正视自己。

如此情况下，他哪里还能有自信？

有的父母一刻不把自己的孩子与别人比较一下，好像就没有了目标一样。

哪怕孩子已经做得很好了，父母仍然会拿他与别家的孩子比较。比来比去，越比越失望……

◎ 父母应该明白的道理：孩子不是你要买的商品，没有性价比

孩子与孩子间没有可比性！

因为孩子不是你要买的商品，没有性价比，没有同类商品可以替代，他是独一无二的。

举个简单的例子。李家儿子成绩优异，但是动手能力不行，到了人多的地方还畏首畏尾；王家儿子自信阳光，动手能力强，

可是学习成绩却欠佳。你觉得这两个孩子可以相互比较吗？

答案自然是不行，每个孩子都有各自的优点和缺点，孩子之间没有可比性。扁担宽板凳长的道理父母应牢记，这本就是两个没有可比性的事物。

我们不是 X 射线，一眼看透孩子的未来，孩子间相互比钢琴几级、奥数名次、班级排名，毫无意义。

记得有天给我的孩子东哥读童话，有一篇关于小河马的故事。森林里的动物们举行谁的本领大的比赛，看到别人都非常出色，小河马决定试试。它跟小鸟学唱歌，一张嘴，把其他动物都吓跑了，哪里是唱，简直是吼，难听死了；小白兔让小河马跟它学做厨师，河马笨手笨脚根本不会切菜，小河马难过地哭了，觉得自己干什么都不成。就在这时，小松鼠要过河，河水又急又冷，它只好求助小河马，小河马很乐意帮助它，帮助小松鼠安全快乐地过了河，小河马也找到了自信。

每个孩子都是这只小河马。

也许，父母们会有自己的苦衷，将自己孩子与别人家的孩子作比较，一是向人家学习"先进"成长经验，二是敦促自己的孩子能够像别人家的孩子一样优秀。如果作了比较之后，自己的孩子找到了前进的动力，那没什么可指责的。但多数事实是，比来比去，处于劣势的孩子有可能一蹶不振了。

一个人的成功与否，与他的成长环境、性格，以及后天的努力程度，有着密不可分的关系。成功有偶然性，更有必然性。成功不是"一蹴而就"的事情，是人生长期努力、学习、奋斗的结果。

孩子不是艺术品，注定不会完美，有瑕疵是正常的。

《蒙娜丽莎》那样的名画，不是也有很多人不喜欢吗？在孩子成长这一点上，天下父母却好像都得了强迫症一样，不是修炼自己如何做一个合格的父母，不是提高自我修养，与孩子共同成长，而是强迫小小的孩子从小考试必须得第一，打比赛要冠军，画画、唱歌、跳舞都要成名家，最低也得拿个名次吧。

就算孩子是艺术品，一件艺术品也不能包纳所有的美。玫瑰有玫瑰的热烈，百合有百合的安宁；塞北有长河落日的苍凉，江南有小桥流水的婉约，美是不拘一格的。既然孩子是不同的个体，就无法与别人完全一样。

比孩子不过是名利思想作怪而已。

世界上没有两片完全相同的树叶，同理，世上也没有两个完全一样的人。

父母不同，家庭环境不一样，孩子自然不尽相同，没有可比性。

孩子不是商品，每个孩子都是独特的存在，是不可替代的鲜活生命，不具有可比性。

同桌式妈妈

◎ 案例：辞职陪孩子读书

邻居家的女儿从青岛返回大连老家去读某私立名牌高中。

父亲做生意，忙得没空儿，母亲一个人去大连陪读，在学校附近租了房子。母亲的任务就是每天接她上学放学，买菜做饭，一读三年。转眼三年过去，夏天高考成绩出来，本科线没过，只能读个专科。有天在小区里遇见孩子的母亲，她快言快语对我说："这三年花费近二十万。"

言外之意，连个本科都没读上，有种吃亏上当的感觉。而说起孩子的将来，她的态度很坚决，下个月还去大连复读。

邻居不是第一个陪读妈妈，也不会是最后一个，她只是千万陪读母亲中的一员。

有的家长不惜放弃工作，专职陪读，有的甚至上演了新版"孟母三迁"。从农村到市镇，从市镇到省城，越来越庞大的陪读家庭出现在诸多中小学名校甚至大学附近，人们称之为"同桌妈妈"。

关于同桌式妈妈这个问题，有人赞成，有人反对。

赞成的认为当今社会人与人之间竞争激烈，绝不能让孩子输在起跑线上，虽说庄稼不收年年种，总有一天会成功，但孩子不是庄稼，庄稼这季不好下季还可以再来，孩子考不上好学校却会误了他一生，实在输不起。有人陪读，孩子吃得可口，身体发育好，脑子聪明。而且，母亲把生活料理好，孩子能省下很多时间来专心读书。最重要的是，孩子不会上网吧，也不会和同学疯玩，放学后乖乖回家，会把所有课余时间利用起来，一心只读圣贤书。

不赞成同桌式妈妈的认为，妈妈陪读，工作没了，收入没了，生活质量下降，舍掉一切陪孩子往前冲。当孩子的成绩仍旧不理想，大有竹篮打水一场空的幻灭，难以接受。最重要的是，孩子遇到问题不知道怎么办，事事依赖你，导致大人什么事也做不了，一天二十四小时耗在孩子身上，最终两败俱伤。

好与不好，每个人都有自己的观点。

不管是赞成还是反对，同桌式妈妈，却一浪兴过一浪，从来没有因为有人反对而减少。

那么，陪读到底对孩子是好是坏呢？

分析：该不该陪孩子读书？

为了给孩子创造一个良好的读书环境，越来越多的家长加入了浩浩荡荡的陪读大军中。

从经济的角度讲，一般家庭承受不起。母亲辞去工作，专门租房陪孩子读书，除非家境优越，否则家庭生活会面临困境。陪读是拿钱来买时间，通过孩子实现梦想，从而改变孩子和家庭的命运。这是陪读家长的普遍心理，付出多少都无怨无悔。有的家庭并不具备陪读的经济条件，但加入了陪读大军。就像赌徒，总想一把捞个暴发户，结果，多数人都输了。

孩子的成长不是父母单方面的意愿，如果父母什么事都大包大揽，孩子就会养成依赖心理。

你不陪我，我就不给你学，不认为学习是自己成长阶段分内的事。到头来，学习成了父母的事，这叫责任转移。孩子除了读书，什么也不用管，甚至写作业，怎么写，都和母亲一起来完成。表面上看，孩子完成了很多作业，但事实上，会养成孩子的依赖心理，这种依赖一旦久了，就会上瘾，使他彻底丧失独立做事思考的能力，这对孩子的成长尤为不利。

陪读，往往是以爱的名义剥夺孩子自我成长的空间与独立生活的能力，同时，也让孩子无法意识到主动学习与做事的必要性。而主动学习与做自己力所能及的事，是对自己的成长负责，对自己的未来负责。

陪读，父母无形中充当了孩子的手、脚、眼睛、大脑。

孩子的成长不仅是身体长高了，骨骼壮实了，还有人格、思想、心理的丰盈。尤其是后三者，在少年时期如果发育畸形，长大后，后患无穷。

而且，母亲陪读让孩子失去了与伙伴共同成长、心灵交流的机会。将来孩子走向社会时，容易产生人际交往的心理障碍，很难自如地处理复杂的人际关系。

如此说来，陪读，损失的不仅是孩子的未来，父母也会失去原来的生活，日子被打乱，陷入忙乱不堪的恶性循环里。如果孩子成功了，还算欣慰。如果孩子不能朝着自己想象或希望的方向发展，内心的失落可想而知。

问题是不管成功与否，小学要陪读，中学要陪读。那么，大学也要陪读吗？

如果父母不能陪读，孩子无法适应群体生活，怎么办？

毕业后，陪他一起工作吗？

和客户谈话你也跟着指指点点吗？

老板要他写工作策划书，你也要参与吗？

……

◎ 父母应该明白的道理：给孩子自我管理的机会

孩子可塑性是很强的，不要低估孩子适应环境的能力。

冬天，每次出门，我都会给儿子东哥穿很多衣服，怕他冷，怕他感冒，但他并没因此而减少感冒。我发现，小区里与他同龄的小孩子即使在很冷的冬天也穿得极少，问那些小孩子冷不冷，孩子摇头，不冷。他们没有说谎，他们既不感冒也不生病，在外面玩得很欢实，而东哥整个冬天脸上都有湿疹子。明知是穿多了引发孩子的湿疹，我却依旧没有给东哥减衣服，总是怕这怕那的。难受至极时，东哥用手抓破了皮肤，我只好带他去医院寻求良方。

有的家长虽然是陪读，但跟监工差不多，孩子生怕哪一点做不好遭到责备，做起事来畏首畏尾。陪读破坏了孩子自我成长的规律，就像我给东哥穿衣服一样，有人误以为只有穿少了才会感冒，其实穿多了一样会感冒，这叫"热伤风"。

陪读，如同温水煮青蛙一样，让孩子一点点失去自我生存能力。

做父母的必须让孩子明白，学习是他分内的事情，自己的事要自己处理，哪怕他处理得不好，也要他处理，没有不好，就没有好。否则，他永远也长不大，永远也无法自我管理。

我原来上司的孩子成成，从小学一年级就自己坐公共汽车上下学，写作业从不用父母管。我问他能行吗，上司回答得干脆："怎么不行！你不给他试试的机会怎么知道他不行？"每次谈起孩子的教育问题，我的上司都会慷慨陈词，他最反对陪读，非常重视孩子的自立。

"我儿子通过竞选当上了班长，学校少先队的大队长，这些事都是他成功当选以后才告诉我的。很多孩子为了当班长央求父母拉票。我儿子以前跟我说过一次，我告诉他，你别指望你老爸我为你找关系，当不当班长是你能力的体现，与我无关！儿子你能当上班长，我祝贺你，有勇有谋。你落选了，老爸依然为你自豪，因为你通过这次活动展示了自己的理想与才华，重在参与，至于结果是什么并不重要！"

成成的确是个很棒的孩子，学习棒，多才多艺，自我管理能力非常强，自从上小学以后很少让父母操心。平时孩子写完作业会看一个小时课外书，读书累了，就去户外玩一会儿，或者在家里安静地看会儿电视。

一个人，不管是生在富有之家还是贫寒之家，都要学会自我管理。自我管理是生存技能之一，如果没有这个能力，也就意味着他长大后无法在这个社会上按照自己的意愿生存，这是个体的失败。这样的失败缘于他从小到大一直像一个"植物人"一样需要他人管理照料。

陪读，短期内孩子的成绩可能提高了，但从长远来看，还是弊大于利。父母的本意是想让孩子在人生的道路上走得一帆风顺，怕磕着碰着，但这就像给学习走路的孩子配一副拐杖，结果，"收获"是孩子可能永远也无法学会用健康的下肢走路了。而且，将来一旦离了拐杖，就成了"小儿麻痹症"患者。

人的生存技能与本领都是从点滴小事开始，从不会到会，从陌生到熟悉。

成长，不仅仅是学习书本知识，更是学习生存能力，生存能力自然也包括让自己快乐的能力、学习他人优点的能力、战胜困难的能力……

不用给孩子陪读。相反，父母要不断地提升自己，给孩子更好的思想、更好的思维模式。只有这样，孩子才能学会自我管理，而一个自我管理能力良好的孩子，他的未来才有无限发展的可能。

我的兴趣爱好你做主

◎ 案例：都是为你好

小黑是个五年级的男生，长得比较黑，所以，平时大家都这么叫他。我是他最好的知心姐姐，他喜欢看我写的有关青春期教育的文章，每篇文章都看，看后，还会跟我交流他的想法，我们很快成为无话不说的好朋友。他特别喜欢跳街舞，放学后经常去学街舞。他妈妈知道后，非常反对，理由是只有街头小混混才跳那种舞，还自作主张给他报了一个奥数班，小黑不去，爸妈就对他动用了武力，小黑不屈不挠。

"那是你们喜欢的，要去你们去！"

两个人僵持了半个学期，小黑他妈妈见硬的不行，背着孩子找到我，希望我可以温柔地"渗透"。

私下里我和小黑交流过多次，他眼神坚定地告诉我，他以后想走艺术这条路，考声乐或表演都行，奥数他不喜欢，就算给他报了，也学不进去。

"我知道，是我妈背后说服了你。"他反问我，"如果你想吃烤地瓜，你妈非要给你吃西红柿，你觉得爽吗？"

别看小黑长得黑，但他外表十分俊朗，五官匀称，有个性，有思想，比同龄孩子要成熟，说话极富幽默感。

"如果我做自己喜欢的事，能及时听到父母的鼓励，即使失败了，我也会在跌倒的地方重新站起来。我妈反对我练街舞，左一个为我好，右一个为我好。如果她真是为我好，为什么不能考虑一下我的感受，尊重我的意愿呢？毕竟，人生的路，要我自己走，而不是她代我走。"

小黑说得没错，人生的路都要自己走，谁也代替不了谁，即使是生身父母也不行。既然我无法说服他，只好跟他"约法二章"。第一，不能因为练舞影响功课；第二，不能因为爱好而偏科。他答应我一定全面发展。从此以后，小黑在功课方面真的很有起色。

我不能预言小黑的未来如何。

但我知道，他一直很努力地做最好的自己，这就足够了。古今中外，所有在某一领域里功成名就的人，都是因为喜欢、爱好这一行业，多年的追求与打拼以后，才成就了他的人生高度。

◎ 分析：为你好，孩子真的如父母希望的那样好了吗？

父母常常自作主张地否认孩子的想法，并且要求孩子按照他们的意愿做事，如果孩子反抗、拒绝，父母会立马说："都是为你好！"哑口无言的永远是孩子。

孩子要去跟同学踢足球，父母有一百个阻挠理由：

"踢球能踢出高分吗？"

孩子据理力争，父母又甩给孩子一句话：

"为你好，你却不知好歹。"

孩子想去学美术，父母想让孩子学理工，孩子坚持，父母就会说：

"都是为你好！"

孩子想去爬山，与同学轻松一下，父母想让孩子在家学习，孩子坚持，父母就会说：

"都是为你好！"

孩子喜欢读名著，喜欢写文章，父母却说学好英语，走遍天下，孩子坚持，父母就会说：

"都是为你好。"

为你好——孩子真的是像你希望的那样好了吗？

写到这里，我忽然想起水木年华的主唱卢庚戌。

原以为，当年作为营口理科状元考上清华大学建筑系的他，今后会做一名像梁思成那样的建筑设计师。然而，穿梭于各式建筑物中，卢庚戌却并没有什么兴趣，他突然发现了自己的爱好——音乐。于是买了一把吉他天天练唱，结果被室友合伙赶了出来。后来他去水房练歌，被人用啤酒瓶砸了出来。第二年，学校举行歌手大赛，他跑去报名，结果因为唱得难听，连预赛都没进入，但他依然坚持自己的音乐梦想。放弃建筑师的本行，去搞音乐，家人更是强烈反对，在僵持中卢庚戌一度与父亲断绝关系。

后来，他成为了国内非常有影响力的校园民谣歌手。他的《一生有你》《在他乡》被很多人喜欢。

不是每个人在孩子阶段都像卢庚戌这么幸运，当他发现当歌手的那个自己会比当建筑家的自己更优秀时，他毅然放弃了学位，用他在美国的演讲形容，他是"为梦而生"。

无法把建筑设计师与歌唱家比个高低。

如果当年卢庚戌屈从于父母"为他好"的压力，我敢说，他在建筑行业里不会做得得心应手。因为他的兴趣不在这个领域，做事自然心不在焉，难以成为大家。

◎ 父母应该明白的道理：为你好，是以爱的名义剪断孩子飞翔的翅膀

日本著名作家伊坂幸太郎说：最糟糕的父母往往打着"为你好"的名义，却肆无忌惮地伤害着孩子。

是啊，这个世界上有多少伤害是打着"为你好"的名义！

父母与孩子共同生活，往往不知不觉参与或干涉孩子的想法、决定，甚至他的精神世界。父母总是站在自己的角度替孩子规划人生，一旦孩子有所抗拒，父母便以"我们都是为你好"来批判孩子的行为，让孩子无所抗拒，否则便是"不知好歹"。孩子出于无奈，哪怕是一件小事，也不得不屈从于父母的意见。

"为你好"，说这话的父母好像很有责任心，好像很爱孩子。其实，这三个字，硬生生地剥夺了孩子做自己的权力，剥夺了他为梦想前行的动力，剥夺了他成为最好的那个自己的权利。

因为有些"为你好"，只是父母们自以为的"好"，并不一定真的适合孩子。而且，往往这种"为你好"还是带有强迫性质的，慢慢就变成了"不这样你就不会好"。

两点之间直线最短，但这不叫路。

修路的人都明白一个道理，高速路不会修成直线，太直的路非常容易出交通事故，司机在快速行驶的情况下，大脑很容易犯困，眨眼间人仰马翻。

有的时候，往往是父母毫不留情地剪断了孩子飞翔的翅膀，

却怪他不会飞翔。

每个父母都想培养一个最成功的孩子，却忽视了孩子想成为自己的权利，拒绝了孩子成为自己的种种可能。这样一来，把最简单的事搞麻烦了，孩子不愿意成为父母眼中那个自己，必然要抗争。父母用咄咄逼人的方式逼迫孩子就范，孩子就像"俘虏"一样，一旦有机会，他就会逃脱，没有机会，他会想方设法创造逃脱的机会。这种方式教育孩子得到的收获，用一个成语形容就是缘木求鱼，上树钓鱼也不是不能钓到，但估计钓来的鱼既没鳍，也没鳞，放水里还因为不会游泳而淹死。

为你好，禁锢了孩子成为最好的自己的可能，如此心情下，孩子不可能最大程度发挥自己的潜力，勉强自己不会有什么好的效果，极有可能做出南辕北辙的事。因此，如果孩子做某件想做的事，做得不够好，或者彻底失败了，也不要急于批评、嘲讽，凡事都是从不好开始的，就像孩子刚会走路一样，摇摇晃晃总要摔上一些跟头。但没有这个过程，他就不可能学会走路，不会走路，就不会奔跑。人生的路一步接着一步，从走路开始才能走向成功。

孩子从小学到中学，也许刚开始不是很清楚想要成为怎样的自己，但随着时间的推移，兴趣这个老师会告诉孩子，他想做什么，不想做什么。父母应该让孩子放开手脚，做他自己喜欢的事，也许，他未必成为大红大紫的名人，但是，他在自己喜欢的领域里，会做得得心应手，从容淡定。找准了自己人生的位置，未来才能劈波斩浪、脚踏实地地前行。

任何事情都是由萌芽开始，不经历风雨怎见彩虹？

痛苦的名校之路

◎ 案例：为了考名牌大学得了抑郁症的女孩

我们处于一个"三高"时代。

房价高，教育成本高，医疗成本高。这"三高"像三座大山压在人们的肩膀上。很多人一辈子无房住；有的人生活看上去还不错，往往因为一场大病回到解放前。很多人上有老，下有小，在社会上打拼，亲历了职场竞争的压力，如果遇到苛刻老板，更是雪上加霜。他们对于成功的渴望远比孩子强烈，所以，在对待孩子的学习上，几乎是统一格式。

从小学到高中，要上重点学校。大学，要读名校，最次也得是"211"大学。毕业后工作，要当金领，最次也得是白领。结婚后要住大房子，开好车。只有这样才是所谓真正的成功。所以，从小就要求孩子，什么都得做得完美无缺，只能成功，不能失败，为将来走上社会打基础。有一句话已经为成为教育孩子的真理了：不能让孩子输在起跑线上！父母们这种望子成龙的急切思想，从孩子一出生，就贯穿在他的成长中了，并严格执行与实践着。为了防止孩子经历失败的人生，从孩子上学那天起，一切向分数看齐。一旦考不好，什么难听的话都来了，说这些难听的话不是父母故意讥讽孩子无能，而是爱之深，责之切，生怕孩子一不小心落在别人后面。父母的这种恐惧感远比孩子的感受强烈得多。

有的父母性子急，看到孩子考那点分二话不说，一顿暴揍，这种父母相信棍棒教育的立竿见影作用。有的父母还从此剥夺孩子看电视、玩的时间，要求孩子放学后立马回家，回家后立马学习，并警告孩子如果下次考试考不好的话，更严厉的惩罚还在后头等着呢。

著名钢琴家郎朗就是个例子。

当时那个女教授说——所有来找她教弹琴的孩子的父母都认为自己的孩子是天才，结果，多数都不是。那个教授还面无表情地对郎朗的父亲说：郎国任，你的儿子不但不是天才，连音乐学院也考不进去！所以，她拒绝给孩子授课。

郎国任那一刻差点失控，女教授这句话对于一个辞去工作，全程从沈阳跑来北京陪读的男人来说，是所有梦想的破灭，是万念俱灰般的绝望。郎国任的心情是中国父母的真实写照，他输不起，工作没了，所有的开销都由妻子一个人承担，自孩子来北京学钢琴以后，家就四分五裂了，过年也极少团聚，他付出得太多了。好在郎朗成功了。

但不是所有的孩子都是郎朗。

18 年前，也就是 2000 年 1 月 17 日，浙江金华四中的徐力走上了与郎朗相反的路，他用榔头打死了深爱他的母亲。母亲吴凤仙是一名工人，文化程度不高，每天吃苦出力挣不了多少钱，当然希望孩子能考进重点大学，平时对徐力要求十分严格。徐力不堪升学重压，用榔头砸死了母亲，17 岁的徐力也从学校走进了铁窗生活。

成功是时下父母教育孩子时高于一切的目标，比工程竞标还明确。如果达不到这个要求，父母不仅会很失望，还会把这种失望发泄在孩子身上。

我一个朋友的女儿，从小学一直到高中都在重点学校读书，因为平时表现优异，学校给了她一个免试读北大的名额。孩子知道自己不用和其他考生一样进考场，放松了自己在学习上的要求，经常参与学校事务性工作。临高考前的三个月，接到通知，北大不能免试，要求与其他同学一样参加考试。高考成绩出来以后，她连二本都没有进入。她妈妈不允许孩子读三本，只能复读再考。第二年，孩子的分数线刚过二本。她妈妈还是不满意，以女儿平时的成绩，应该读北大，而不是随便一所大学。在我这位朋友看来，一所普通大学出来的学生怎么能与北大清华这样的名校学生相比？她命令孩子再次复读，而孩子抗拒复读，孩子害怕复读枯燥的生活。朋友认为女儿不读北大就是失败，她不想看到女儿年纪轻轻就失败了。

在读与不读的问题上，母女两个人发生激烈争执。孩子在母亲的高压政策下又一次复读，强大的心理压力让她透不过气来。半年后，孩子得了抑郁症，发病时很狂躁，经常摔东西，整个人变得神经兮兮，只能休学在家。

谈起女儿的现状，朋友声泪俱下，几近崩溃。

假如当年，她没有这样那样地要求女儿，孩子考上二本，她能愉快地接受，并告诉孩子，二本也没什么不好，成功无处不在，以这样的心态教育孩子，孩子自然不会经历那么多痛苦的心路历程，也就没有抑郁症这个病魔缠身，更不会毁了她的青春年华，毁了她的整个人生。

◎ 分析：功利教育，毁了谁?

周围很多朋友的孩子都进了重点小学，或正在想方设法让孩子进重点小学。他们认为，孩子读什么样的小学关系到孩子的未来教育，所以，在孩子读小学时，父母已经开始谋划了。

与很多父母交流，他们的回答都差不多，上什么样的小学决定你上什么样的初中，上什么样的初中决定你上哪个层次的高中，上哪类高中决定你是读名牌大学还是一般的大学，读哪类大学又决定着你毕业是进世界五百强还是随便进一家小公司就职，你进的公司往往决定着你的收入、社会地位等，一连串的问题都接着来了。倘若中间一个环节出了问题，意味着全盘掉链，满盘皆输。

孩子是你生的不假，是你的另外一个血肉之躯不假，但他不是你。

试问一下，孩子进了名校就意味着一定能成功吗? 一定能成为马云、王健林那样的商界精英吗? 一定能成为董明珠那样叱咤风云的企业家吗? 新东方的俞敏洪是北大毕业的，用他的话讲，他们班里考试前五名的都给后五名的打工呢。他每次考试都是后五名，后来，他创办了自己的事业——新东方。

2010 年，最吸引人眼球的一则新闻是北大数学天才柳智宇放弃美国麻省理工学院全额奖学金决然剃度，发愿出家，到北京郊区龙泉寺当了一名修行居士，青灯古寺，粗茶淡饭，了此一生。在很多人眼里，柳智宇已经站在成功的顶峰，有多少人羡慕他此时的成就，但他突如其来毅然转身，放弃了一切功名利禄，做了居士，做了一个包括他父母在内的很多人都不能理解和接受的选择。这位未来的天才数学家为何要在此时做出常人难以理解的选择？在他做出这个选择时，相信会有很多亲朋好友动用一切手段，劝他回心转意，劝他不要"一意孤行"断送自己美好的前程。但他还是执意选择了一条不被常人理解的路：放弃了生活的此岸，选择到达心灵的彼岸。俗世与灵魂，总是不能兼而有之。

柳智宇自己的心灵得到了解脱与净化，陷入痛苦的却是他的父母。

他在给父母的信中这样说：您们会气愤我出家，会觉得在亲戚面前丢人，觉得生了我这个儿子还不如不生。那假如我突然死去，您们又该如何呢？还会为我出家而生气吗？

父母认为孩子理所当然地应选择一条星光之路，如果没有按照这个标准执行，父母的脸往哪儿搁呢？与其这样，还不如当初没有保送北大，还不如他学习不好，读一个不起眼的大学，这样即使选择了一条不被人理解的路，心里也不会有这么大的落差。

父母承受不起这样的结果，不说养育的辛苦，就读书这件事上，父母十几年间投入了所有的精力，期盼着孩子去读名校，出国深造，光宗耀祖，结果，他却一头扎进寺院，甘愿此生在青灯古佛旁度过，父母的期望都打了水漂。

◎ 父母应该明白的道理：让孩子拥有一颗平常心

如果一个孩子的成长交织着太多的名利因素，可能会毁掉他还没有成熟的人生观、世界观、价值观。当这一切毁掉的时候，也几乎是一个人的毁灭。一个人毁掉了，也是一个家庭痛苦的开始。

思想偏激了，如同鞋歪，脚印自然正不了。

只有成功，没有失败，这是最理想的人生。但是仔细想想，这跟要求天不下雨、天不刮风一样难。而且，厨师做菜，除了盐，其他调料什么都不给他，他如何做出各种美味？只有咸，如何品出酸还是辣，甜还是苦？任何一种味道都是因为有其他味道对比，才可能成立。

据一份调查数据显示：名牌大学毕业生的成功概率是90%，普通大学毕业生成功的概率是85%。

一个人的成功与否与是否读名牌大学没有必然的关系，但与他读书多少，读的什么书有关。

若你不相信，请看著名的甲骨文公司创始人埃里森2000年在耶鲁大学讲演时所说：

"我，埃里森，这个行星上第二富有的人，是个退学生，而你不是。

比尔·盖茨，这个行星上最富有的人，是个退学生，而你不是。

艾伦，这个行星上第三富有的人，也退了学，而你没有。

戴尔，这个行星上第九富有的人，也是个退学生，而你不是。"

考上了名牌大学，并不意味着你读了很多书，也不意味着将来就功成名就。

苏联教育学家赞可夫说：有的学生按照学习成绩来说属于优等生，但在发展方面却处于中等生甚至更低的水平。

既然事实如此，让孩子拥有一颗平常心没什么不好。考了高分，进了名校，不会大喜过望，因为是努力带来的这样的结果。失了名次，进了一般的学校，也没什么大不了。倘若一个孩子考试从来没有考过低分，倘若一个孩子做事从来没有失败过，完美无缺，万一哪天他考了低分、事情没做好，会承受不了这样的落差，会痛苦、绝望。

因为他没有失败过，因此，他的人生可能跌得更惨。

反倒是那些经历过失败并把失败看成是人生常态的孩子，能从容走过人生的低谷，正确对待、分析每一次失败，并从中找到经验和教训，进而规避人生的风险。

只能成功，不能失败，带着功利目的的教育，看似成就了孩子，事实上是毁了孩子抵御风险与痛苦的能力，毁掉了他面对失败的自身"免疫力"。

成功的人有一点是共同的：浑身上下都有极强的抵御风险与痛苦的能力，这是身心健康的最好免疫药品。一旦这个免疫系统被破坏，人生稍有风吹草动，都将无法承受。那些在挫折与不顺心面前做出极端事情的人，几乎无一例外，都是由于这个免疫系统已经被破坏。

美国首席大法官约翰·罗伯茨最近在儿子毕业典礼上的致辞出乎所有人的意料，他祝自己的孩子"不幸并痛苦"，他告诉孩子应该以什么样的心态与行动去面对人生中必定会经历的磨难，用一种特别的方式向孩子们传递了正面的价值观。他在演讲中这样对儿子说：

"在未来的岁月中，我愿你时常遭遇不公，那样你就会懂得公正真正的价值。

我愿你遭受背叛，那样你就会懂得忠诚究竟有多重要。

我不想这么说，但我愿你时不时感到孤寂，那样你就会懂得友人并非招之即来，挥之即去。

我愿你时有厄运，让你意识到人生的无常，且理解你的成功并不完全应得，他人的失败也并非完全自作自受。

如你将会经历的那样，你失败时，我愿你遭到对手的嘲弄与幸灾乐祸，那样你才能领会到竞争精神的重要。

我愿你被他人忽视、冷落，那样你就能学会去倾听他人。

我愿你遭受适当的痛苦，那样你就能拥有同情心。

而无论你我愿不愿意，这些都必将在你的未来发生。但你是否能从中获益，这只取决于你是否能从不幸中领悟出它们带给你的信息。"

在约翰·罗伯茨的口中，所有的磨难都将成为孩子们成长的必经之路。而在一连串的"我愿你"之后，他告诉孩子们，其实不幸、痛苦这些与他的愿望并无关系，它们一定会在未来的某处出现。至于能从中获得什么，则完全取决于个人的领悟与心态了。约翰·罗伯茨说出了成长的真谛。

疯狂的特长班

◎ 案例：上特长班的孩子们

说起特长班，父母们有一肚子话要说，孩子们也有一肚子话要说。尽管褒贬不一，但特长班依旧火爆，甚至可以用疯狂来形容。哪家的孩子不是最少报两三个特长班？有的干脆报了七八个。奥数班、英语班、舞蹈班、绘画班、钢琴班、跆拳道班、长笛班、作文班、声乐班、足球班、田径班、羽毛球班……数不胜数，有的孩子从幼儿园就已经开始报特长班了。

每到星期天，父母带着孩子奔走在去各个特长班的路上，套用一句广告词：不是在特长班，就是走在去特长班的路上。再苦，再累，再没钱，也要陪孩子上特长班，也要给孩子花这个钱。目标只有一个，别人家的孩子都上了，我们家的孩子也得上，生怕人家的孩子琴棋书画样样通，而我们家的孩子啥也不会。

一个叫蛋蛋的小学生，他一个人报了六个特长班。问他为什么报了这么多，是不是自己特喜欢呀？他眼一瞪，干脆地说：

"不是我喜欢，是我妈喜欢。"

"那你可以跟妈妈建议，减少几个。"我说。

"她都不心疼自己的钱，我干吗费力不讨好地替她心疼呀，反正我去，想学就学，不爱学，就玩儿。"

"那你拿不出成绩，妈妈会失望的。"

"那我管不了！"

"那你将来想做什么？"

"真话假话？"他机灵地看着我。

"当然真话。"

"我妈给我报的这些班我一个都不喜欢，去了我就是应付了事，妈妈在家怕我看电视，迷恋网络，我只好去。我将来想做一名空军飞行员，去太空遨游，这是我的理想。可没有飞行员特长班，我妈就说我是痴人说梦。"

还有一次，我去朋友家玩，她的女儿报了舞蹈班。朋友家里生活条件不好，没有房子，没有固定收入，但她给女儿报了舞蹈班，也是学费很高的班。

我笑着问她："是不是要把女儿培养成舞蹈家呀？"

她反问我："你看我女儿有成为舞蹈家的天赋吗？"

说实话，我看不出，又怕打击她，只好答非所问：

"你女儿喜欢吗？"

"她谈不上喜欢，也谈不上不喜欢，最初让她学习舞蹈是想让她气质好一点儿，让她成为舞蹈家不敢想，但是她愿意努力，我就会让她学下去。"

像朋友这样的心愿，我们可以理解，但倘若是抱着孩子从小就要成为明星的想法给孩子报才艺班，就不能接受了。现在很多电视台的选秀节目，就是迎合了观众的心理需求，所以火得一塌糊涂，也招致了一些家长的追捧。

◎ 分析：父母为什么热衷于给孩子报各种特长班？

有天与朋友一起吃饭，说起孩子报特长班的事，朋友的老婆不满朋友的做法，当着我的面数落他：自己这辈子没成名，就一心想让孩子成名，你说你变不变态呀！

朋友极力否认老婆的说法，他这样做只是想让孩子更优秀一些。两个人言辞越来越激烈，由争执变争吵，好好的一顿饭不欢而散。

朋友的话代表了多数父母的想法。

父母们之所以对特长班如此感兴趣，无非是功利教育的作用，考学可以加分，这是最直接的好处。一分之差就能挤下千军万马，何况一加就是十几二十几分，哪是加分呀，简直就是命运的魔术棒！而且，一说某某明星，一场活动的劳务费动辄百万千万，一场演唱会的收入上亿，这还不算，每天出门前呼后拥，走到哪里都有鲜花掌声，普通人一辈子也活不出这样的质量。

报特长班，孩子喜欢，无可厚非。

孩子不喜欢，逼着他去做，和缘木求鱼有什么区别？我家旁边有座体育馆，每天下午那里都是一些练竞技体育的孩子，毫不夸张地说，这些孩子都是奔着奥运冠军的目标去的。我们只看到奥运场上冠军的风光，没有看到无数个孩子在追求冠军的路上被淘汰了。如果时间早还可以有别的选择，而很多人是在荒废了学业以后，在这条路上仍然没有拼出所以然来，后悔都来不及了。奥运冠军，只是少数人中的少数。

假如说，特长班能让你的孩子成为一个有特长的孩子，能三岁作诗，五岁作画，好歹也是一种安慰，没有白白付出时间与金钱。但很多特长班教的东西，不是启发，而是为了分数，把特长变成了一种八股文一般的模式。比如说，绘画，教套路；作文，按老师提前写好的范文往里套。如此一来，学生的特长班都成了流水线作业了。特长班应该按个性定制，事实是办特长班的人是为了挣钱，并没有因材施教。不管山羊绵羊，本土羊外地羊，都喂同样的草，也不管草有营养没营养。适合不适合家长并不了解，孩子也不懂，就稀里糊涂地上了。

父母的心情可以理解，望子成龙，望女成凤，但多数孩子不是龙，也不是凤，你老把孩子当龙凤，到头来，失望的也只能是你自己，不仅花钱，还出力不讨好。

最终，不幸的是孩子。

◎ 父母应该明白的道理：读好书，是最好的特长班

让孩子读书学习，最大的目的是让孩子拥有发现自己的能力。

培养出一个拥有发现自己能力的孩子，就等于你的教育成功了。

一个不知道自己是谁的孩子自然也不知道自己要做什么，不知道未来想要什么，也就是说，他根本没有前进的目标。没有目标，如何前进？现在的孩子面临的问题不是没有进重点，不是没有考上名牌大学，而是在功利教育中迷失了自己。

父母是孩子终身的老师。

与其热衷于给孩子报特长班，不如引领他多读书，读好书；不如潜心培养孩子喜欢的事物，发掘他的潜质，让他找到真正的爱好与理想。不要等到孩子上了大学以后才发现，原来他喜欢天文，你却给他选择了医学这个专业；考了外语学院后，才发现孩

子的兴趣在发明方面。这不但让孩子误了前程，而且孩子也没有兴趣学父母认为有用的东西。

教育孩子的大忌是缘木求鱼。

特长班不是不可以报，报什么样的特长班要看孩子的爱好、兴趣。孩子喜欢舞蹈，给她报舞蹈特长班并不过分，孩子喜欢书法，你强行给她报英语，就是赶鸭子上架，如果无视事实与现状，花钱浪费时间不说，还会造成孩子的逆反心理。对于孩子上什么样的特长班，要不要上，都要遵从孩子内心的感觉与需要。可以引导，不要强制；可以影响，不要包办。在快乐中学习，在学习中找到兴趣，往往事半功倍，这也是迈向成功的最短道路。

父母的最大责任应该是帮助孩子成为他想成为的那个人，这才是教育的根本。

德国著名哲学家雅斯贝尔斯说：真正的教育是用一棵树去摇动另一棵树，用一朵云去推动另一朵云，用一个灵魂去唤醒另一个灵魂。多么诗意的表述！他告诉我们，教育是"慢"事业，容不得我们拔苗助长。

让孩子读自己喜欢的书，选择自己的所爱，他会从中发现"不一样"的自己。可报可不报的特长班不报也罢，既浪费孩子宝贵的时间，也让父母疲惫不堪。

杜甫说：读书破万卷，下笔如有神。

董其昌说：读万卷书，行万里路。

看古今中外的科学家、思想家、教育家、作家、学者……哪一个不是读书破万卷，才得以成就一番伟大的事业呢？

父母引领孩子一起读书，读好书，让孩子发自内心喜欢上读书，是最好的特长班。

恨不得你一出生就成名

◎ 案例：那些为名利忙碌的孩子

张冯喜是谁？

这么说未必有多少人知道，但是一说东方卫视，喜欢看《中国达人秀》的观众一定会想起，有个很小的女孩，她叫张冯喜。在电视上说的话跟周立波差不多，讲冷笑话，有时候，你想不笑都不行。小姑娘她的嘴巴很厉害，在台上能面对众多观众与掌声而宠辱不惊，时不时逗你哈哈一乐，大人的嘴巴都逗不过这个只有几岁的小女孩儿。张冯喜的确招人喜欢，机灵的眼神，沉着冷静的神态，都不像只有五六岁的模样。

我们喜欢看"机智"的小孩，喜欢看他的"与众不同"，我们喜欢看有趣的孩子，让你爆笑不止，好玩。

张冯喜的成名让多少家长在台下羡慕得晕头转向，估计回家就得把孩子送到才艺表演班。我朋友就是张冯喜的粉丝，她坚信女儿也是这块"料"，给孩子报了钢琴、舞蹈、绘画、跆拳道四个班，全面强化孩子的艺术修养。母亲十分想让女儿上中央台的《星光大道》，可惜，孩子对这个不感兴趣，她就每天鸡飞狗跳地逼着女儿学这学那。而只要母亲看不到，孩子就和小伙伴们在院子里疯玩，玩得高兴时，一群小孩子在地上打滚，非常开心。为此，孩子没少挨妈妈的打，用她妈妈的话说，打她是怕她这样疯下去长大后"没人样儿"。

　　每次教训过后，孩子仍然不长记性，见到小伙伴仍旧玩得不亦乐乎。最让她妈妈操心的是，不看着她就不练钢琴。

　　另外一位朋友的孩子更可怜，是个虎头虎脑的小男孩，四岁半，上全托，在市体校学习游泳，每天自己打饭穿衣，为了练臂力，他白嫩的小手磨得全是老茧，有的已经结痂出血。每天他要和那些七岁以上的孩子一起训练。好朋友经常向我炫耀儿子的体育天分以及取得的成绩，说她儿子将来一定能成为奥运冠军。有一次和她去体校看孩子，离开时，孩子抱着她的腿哭，要跟她回家。朋友狠心地推开孩子，教训道："你是男孩子，要坚强，要以学业为重，这样你将来才能成为一个伟大的男人。"

　　孩子可怜巴巴地看着妈妈，似懂非懂地点点头。

　　"妈妈，我想你。"

　　"听老师的话,好好训练,你要是得第一妈妈就经常来看你。"

　　孩子一听妈妈来看自己，眼睛都亮了。

　　"真的吗？"

　　"你得第一，妈妈一定会来的。"

　　但当她真的放开孩子，走出房间时，孩子大声叫着妈妈，满脸是泪。我站在一边，眼睛瞬间湿了。事后，我对朋友说，要是我，就不会把孩子这么早送到这种地方来，我的孩子我可以不在乎他是不是奥运冠军，是不是得了第一名，但我在意他是否过得快乐，他的灵魂与身心是否同步成长。

　　朋友说："我也不想这样，为了他的将来，我只好狠心了。"

"如果孩子努力了十几年，发现自己不是奥运冠军的料，岂不是更失败、更痛苦吗？"

"该尽的力我也尽了，如果真的是这种结局，那就是命运的事，我也无能为力。"

◎ 分析：父母为什么热衷于孩子成名要趁早？

张爱玲曾说过一句话，成名要趁早。

这句话不知道是害了今天的孩子还是成就了今天的孩子？

总之，只要能出人头地，父母就会不顾一切把孩子推向成名的路。很多父母虽然不知道张爱玲是谁，但一直用行动实践着这句话，大有你追我赶的劲头儿，生怕孩子在成名的路上，一不小心输给对方。恨不得孩子一出生就成为名人，甚至在自己的孩子还没出母体前就开始"教化"他了。

胎教——给他（她）听莫扎特的《小夜曲》、贝多芬的《命运交响曲》《致爱丽丝》等。等到孩子出生以后，还不会说话，就要给他买各种图画，要他看图说话，等他学会说话就要他背唐诗，每天最少背诵一首，如果背诵得好，还有物质奖励。这让我想起单位的效益工资，计件算，虽然背诗不是生产产品，但父母这种奖励与计件工资有何区别呢？计件工资是防止工人偷懒、出工不出力而想出的对策，孩子背一首唐诗，就许诺带他吃肯德基，或者去某某乐园。有时，孩子不想背，但是为了能吃上渴望已久的肯德基，只好硬着头皮背给父母。

可怜的孩子，为了一块鸡翅、一个汉堡，不得不委曲求全。

2007年6月，重庆市某运动技术学院在报纸上刊登消息，在跳水馆选拔跳水苗子，5 岁半到 7 周岁儿童都可报名。刚满 5 岁的童童在家长带领下前往报名。由于童童年龄偏小、手臂力量不够，未能入选。在家长一再要求下，孩子被接收，教练发现，孩子的水感很好，决定重点培养他，并经常给他加课，别的孩子跳 3 米，他已经跳到 5 米了，一个小奥运冠军，呼之欲出。然而，童童在进行 10 米台跳水时，由于动作不规范，肚子、大腿被水拍红，童童感到头晕、恶心。两天后，他在跳完一个 7 米台起水后，在游泳池边摔倒，当即昏迷不醒。手术后，童童的生命虽然保住了，却成了植物人。

当我把这个真实的案例呈现给大家时，有多少人真正为这个孩子难过？在他们看来，这只是个例。在自己孩子的培养上，多数家长依旧像童童的父母一样"前赴后继"。

很多父母觉得，只要成名，就会过上理想中的生活，可以住比别人宽敞的大房子，可以拥有丰厚的物质财富，不会被人瞧不起……总之好处数不尽。每当奥运会产生一个世界冠军时，不知道那瞬间的辉煌让电视机前多少一辈子默默无闻的父母生出感慨：成名要趁早，省下十年寒窗，一朝天下知。得了金牌，住别墅，开豪车，娶美女。如果没有成名，一辈子辛苦打拼，衣旧房破，穷困潦倒。如此这般的现实，父母怎么能不绞尽脑汁让孩子成名？不管什么手段，什么条件，只要能成名就好。

孩子一辈子"衣食无忧"，父母也就安了心。

◎ 父母应该明白的道理：孩子身心健康比名利重要

这个时代，每天都能在新闻里看到、听到"天才"的诞生、

"神童"的再现。一旦出名，父母就会给孩子安排各路记者的采访，对着镜头大说特说孩子如何有"天赋"，如何与众不同，唯恐别人不知道他养了一个天才孩子。

现在，不缺少"天才"孩子，但缺少一个像孩子一样的孩子，缺少快乐的孩子，缺少带着一脸天真与可爱的孩子。看着太多为名利前赴后继奔波在路上的孩子，我就会想起去年春天去动物园时，看老虎表演钻火圈的事。凳子上放着正熊熊燃烧的大火圈，老虎要从另外一个凳子上，准确无误地跳过去，钻出火圈才可以不被烧着、烫着。老虎是不会钻火圈的，也不知道火圈为何物，但是，它为了得到可口的食物，在人类的教唆、引诱与威逼下，只好钻火圈，逗得人类哈哈一笑，表扬老虎真乖。可怜的老虎，原本是山林里的王者，与百兽为伍的食肉动物，此时，与我们背诵唐诗的孩子有什么区别？

猛兽之王都可驯养成这样，一个几岁的孩子早就不在话下。

然而，孩子的成长是个慢工夫，急不得。不要以为孩子从小啥都比别人好，步步领先，以后啥事就都能优于他人。对孩子来说，真的是越早出名越好吗？

不是这样的，这是家长们陷入的一个误区，他们高估了高分在孩子成长中的意义，也低估了童年在孩子成长过程中的重要性。童年是人生中一个特殊的阶段，它是一个人由孩子向成人进化的过程，在这一阶段若是被成年人过早地灌输竞争意识，很容易使孩子的童年充满压力，甚至会让孩子变得自私。

孩子的天性是快乐和玩耍。

成名要趁早这一理念，让孩子从出生开始就已经没了幼年、童年、少年，有的只是每天背着大大的书包，走在与父母们共同追逐名利的路上。与其说是孩子与孩子间你追我赶，不堪重负，不如说是父母们之间追名逐利，绞尽脑汁。成名要趁早，苦的却是孩子，我见过很多孩子在某一方面没有达到父母要求，被打得伤痕累累。不依托于孩子的实际情况，整天想着如何成名，注定只能竹篮打水一场空。但是，又有多少父母看清了孩子的现状？

我们常说，十年树木。一株小树，经过十年的风吹雨淋，才能长到碗口那般粗。要真正枝繁叶茂，长成参天大树，还要历经几十年甚至上百年的风雨。

孩子的成长也是一个缓慢、循序渐进的过程。它有其内部的规律，破坏了这个成长规律，就要付出沉重的代价。著名教育家蒙台梭利说：教育就是激发生命，充实生命，协助孩子们用自己的力量生存下去，并帮助他们发展这种精神。

我们现在的功利教育与教育家提出的教育宗旨已经背道而驰。父母们在功利教育的影响下，与孩子一起陷入了一场名利大战中，生怕自己的手脚比别人慢半拍，生怕这慢去的半拍带来的是将来的落后与不足。教育的本质是要孩子学习认识某一项事物，由浅入深，提出问题，思考如何解决。我们把这样的目标变成了利益的直接获得，让孩子学习是为了得到，是为了比别人高贵，注重得到，如果得不到则认定为失败。如此一来，会让一个本该欢乐无忧的孩子承受太多不该属于他们的重压，时间久了，孩子的思想会异化，价值观会慢慢扭曲。

人的成长就像四季更替一样，应逐步、有序地运转，不可操之过急。

万物复苏始于冬末春初，经过春天的播种，夏天的耕耘，才有秋天的累累硕果。一个孩子总要经历天真的幼年，懵懂的少年，然后才是无畏的热血青年。人为地破坏这个规律，如同拔苗助长，本意是为了小苗长得更快，这一拔，却使他脱离土壤，失去养分，最后枯死。当孩子失去童趣、童真，像成年人一样追逐功利时，就是一个孩子成长失败的开始，更是孩子心灵扭曲的开始。

我一直觉得，我们的社会可以少一个奥运冠军，但是，少了一个快乐的孩子，却令人担忧。因为这个不快乐的孩子长大以后，会因心理与性格的变异给社会带来很多隐患。只是，这个成长的隐患，不会像重感冒或者心脏病发作一样迅疾。

著名教育家雅斯贝尔斯认为，学生仅仅获得知识是不够的，他们还应成为"全人"。他提出，要改善学生的人性，这种人性包括倾听别人的观点、从别人的角度去思考问题、诚实、守纪律、言行一致等。总之，要对学生进行全面的教育，也就是精神的培养。这种教育应将人文教育与自然科学教育相结合，它是一种广义的文化教育，是整个人的教育。

众所周知，当下对孩子的教育，目标十分明确，学习是为了成名。为了获得某些利益，早已经把孩子成长中应该养成的美好品质与素养丢在一边，忽视了自身对孩子成长的责任。如此一来，孩子如何能够成为"全人"？

不能成为"全人"也就意味着没有高贵的品质与人格，不管他如何聪明，成年以后，这样的人与一条浑身带着毒性的蛇有何区别？

生命不能承受之重。

这是原本属于我们大人的呐喊，这句话，放在现在的小孩子身上更合适一些。让孩子回归自我，让孩子快乐成长，让孩子在成长中感受生命的美好，让孩子拥有纯正的人格品质，让孩子的心灵丰盈、温暖、有情趣，这才是教育所应达到的效果。然而，这样的孩子在当今社会已经成为稀缺品。

　　丰腴的成长比尽早的成名更重要。

你无法设计的未来

◎ 案例：不快乐的律师和成功的青年导师

中国青年的成功导师李开复先生，他创办了梦想工厂，引导有为的年轻人创业。在这之前，他是谷歌的大中华区总裁，也曾与微软创始人比尔·盖茨共事多年，可谓功成名就。

李开复曾在哥伦比亚大学学习政治，后来他发现，他的兴趣与爱好完全不在这个上面，他疯狂地喜欢上了计算机，每天疯狂地练编程。大二那年，他做了一个惊人的决定，放弃此前一年多在全美前三名的哥伦比亚大学法律系已经修成的学分，转入哥伦比亚大学默默无闻的计算机系。那时，他告诉自己，人生只有一次，不应该浪费在没有快乐、没有成就感的领域，当时也有朋友对他说，改变专业会付出很多代价，但李开复对他们说，做一份不喜欢的工作，将付出更大的代价。

那一天，李开复心花怒放，因为父母很支持他的想法。他对自己承诺，大学后三年的每一门功课都要拿 A。

如果不是他那天的决定，他不会在计算机领域取得辉煌成就。

如果没有这个勇敢的决定，可能，他今天还是美国一个无名小镇上的既不成功也不快乐的律师。

　　李开复的幸运在于他有一对开明的父母。他的父母没有替他设计好未来，而是把未来交给李开复本人。

　　写到这儿，我想起好朋友小然，她女儿考上了一所医科大学护理专业，孩子非常喜欢这个专业，她的理想是成为中国的南丁格尔。她妈妈是公务员，想想女儿毕业后就当护士，心理十分不平衡。自孩子毕业后去了一家大医院当护士那天开始，母女两人的战争就没有停止过。母亲要她不去上班，在家复习考公务员，护士工作在母亲眼中实在是抬不起头来，她好歹也是局长，怎么能让女儿做那种没有"意义"的工作？而在女儿看来，公务员没什么好羡慕的，一天到晚就看领导脸色，人浮于事，护士是靠自己本事吃饭，没什么不好。

　　如果把护士女孩与李开复比，这位母亲一定会说，李开复的父母支持是因为他的工作很体面，我不支持女儿的选择是因为她的工作实在让人抬不起头来！所以，这位母亲一定要给女儿设计一个美好的未来，像她一样，进机关，过几年就是科长、处长，甚至厅长、司长……

◎ 分析：你设计的未来就一定光明吗？

　　著名作家柳青曾经说过："人生的道路虽然漫长，但紧要处常常只有几步，特别是当人年轻的时候。"

　　这话有道理。

　　孩子在成长的路上，每前进一段路，都要经过多次选择，每一次选择都是人生的蜕变。如果前次蜕变非常美，下次蜕变没有超越前一次，父母就担惊受怕，生怕孩子以后一次不如一次。在关键时刻，父母就像坐在副驾驶位的人，看见孩子往他不认可的地方驶去，立马伸手夺过方向盘，用力一打，朝着自己认为正确的方向驶去。

父母总希望孩子这样，希望孩子那样。

孩子不接受，就会动之以情，晓之以理，七姑八姨全上来，说服孩子，学这个专业将来有前途，好找工作，薪水高，"钱途无量"。说来说去，把孩子的心说动了，而真正进入这个领域才发现，根本提不起兴趣来。有多少孩子在专业的选择上"误入歧途"，听信父母的话，而导致自己"一无是处"？

我堂哥家的孩子就是一个例子。大学读的是电气自动化，孩子到了大学以后才发现他根本不喜欢这个专业，想转专业，根本转不了。毕业后，他选择了摄影，堂哥气得见孩子一次骂一次，最后孩子让他骂得既不回家，打电话也不接。在堂哥看来，摄影就是不误正业，哪能与一个堂堂工程师相提并论？为此还多次找我，看我能不能说服侄子"回心转意"。我按照堂哥的指示给侄子打电话，侄子一声叹息："我咋说我爸这个人呢？"

"实话实说。"

"他老是替我设计这个设计那个，他那么有本事还当工人干吗？干脆当总理得了，去给天下人设计未来，说白了，他当初让我学这个，就是因为老师说这个专业好找工作，我那时想报艺术专业，让我爸三言两语给说动了，就报了，可是，他老是这样左右我的未来，我能好吗？跟害我差不多，所以，我干脆不跟他说自己的情况，也不接他电话，眼不见心不烦。我已经大了，未来的路不管好坏都要我自己走，那就按我喜欢的方式去活吧。"

侄子的话让我这个说客失去了说服的冲动与理由。

据一份调查显示（上海、江苏、浙江等省市的 8 所高校的 2 340 名学生参与调查），有 64% 的学生不喜欢自己的专业，问及不喜欢为什么还要选择这个专业，学生的回答是，父母认为这个专业好，"钱途无量"，因此就选择了。很多孩子考上大学后发现自己根本不喜欢这个专业，转又转不了，只好在学校里混日子，四年的光阴白白浪费了。

父母常常用成年人世俗的眼光审视这个世界，审视孩子的人生，按照价值的大小来给孩子安排未来，却忽略孩子内心的愿望，这是非常幼稚的想法。很多父母不觉得有什么不好，他们认为是对孩子的未来负责，却从来没有蹲下身来，好好问一下孩子：

你对自己的人生有着什么样的憧憬与希望？

有的父母问了，但又有多少父母会认真听从孩子的意见？

◎ 父母应该明白的道理：把未来的方向盘交给孩子

梦想因坚持而灿烂。

收获因汗水而真实。

每一个梦想都值得尊重，哪怕这个梦想很遥远。如果给孩子时间，也许会有开花结果的机会。

不要觉得孩子的梦想不符合"实际"，就嘲笑他异想天开，痴人说梦。事实上，所有的梦想都不符合实际，之所以叫梦想，就是因为"遥不可及"。但如果没有梦想，永远也不会有人类文明的进步。

有梦想的孩子，迟早会做出惊人的举动。

超级女声大赛中脱颖而出的尚雯婕，是上海弄堂里长大的孩子，父母从小离异，家境贫寒。当年，她听从父亲的心愿考了一个自己不喜欢的专业，但她喜欢唱歌，想报名参加"超女"大赛，家人极力反对。当时上海赛区名额已满，她偷偷跑到成都才报上名。当她真正站到舞台上时，在成都的20强比赛中就被淘汰下来。之后，她再次偷偷跑到广州赛区报名参加大赛。半年后，她终于站在了"超女"冠军的舞台上，成为星光灿烂的职业歌手。

因为坚持所爱，尚雯婕成就了自己。

有句话说，不是因为看到希望才去做，而是因为坚持才有了希望。

就一个人来说，从幼年到成年的路很长，那些早早替孩子设计好了未来，设计好了专业的父母，在我看来是不明智的。你的设计都是从你自身或社会现实利益的角度出发，忽视了孩子的感受，这样主观的设计有可能一不小心扼杀了一个真正的科学家、医生、歌唱家……孩子的未来应该交给孩子，让他自己去成长，去发现那个潜力无限的自己，未来才有无限可能。

就像小的时候，我们给孩子讲那些英雄的故事，不是要他成为一个英雄，而是让他拥有纯正的人格品质。同理，孩子稍稍长大些，让他阅读诗歌，接触舞蹈音乐，是为了让他的心灵更加丰富，富有情趣。

如果说，理想是一粒种子，那么兴趣就是阳光，热爱是雨水，喜欢是温度。当这些全都具备时，这粒种子很快就会发芽，出土，茁壮成长。

孩子是通过你来到这个世界上的，但不是为你而来，他是一个独立的个体。孩子的未来之路不是你要铺设的铁轨，随便按你的意愿对接和扭转。在孩子的成长过程中，他们会经历很多人和事，这些每天正在发生的事情对他们的世界观、价值观影响很大，作为父母很难操控他们能经历什么，不能经历什么。

孩子的未来你终究设计不来，哪怕未来按你的设想来了，当时的设计看似美好，时过境迁，也可能变得不好。

既然孩子是路上的驾驶者，那就把方向盘交给他本人，让他为自己的未来掌握方向盘，才能知道哪里是直行，哪里是左转，哪里要超车。

就像我小的时候，生活在农村，特别想去远方。长大了想去城里当工人，觉得那才是人间最好的生活。等我真的来到城里生活后，发现也不过如此，我厌倦了一名职业工人的生活，理想中的生活也随着眼界的开阔而发生变化，从农村到县城，从风吹麦浪的北大荒到海滨城市青岛，从职业工人到刊物主编，从主编到作家，这个身份与理想的变化，不是父母可以设计的。我的母亲不识字，就算她可以设计我的未来，能设计成现在我想要的样子吗？她对我最大的期望是吃饱穿暖，嫁个殷实人家。事实上呢，我人生走过的路，那些跳跃性的变化有时连我自己都难以预料和设计。

第二章

为什么孩子感觉不到你的爱

苦了自己，坑了孩子

◎ 案例：孩子成了父母的黄世仁

有一次，朋友和我聊起她儿子小刚。这几年，她和丈夫早就下岗，日子过得拮据，这倒没什么，她是苦惯了的人，就是觉得对不起孩子。

高二时，儿子认识了一个学习不好的女生，那个女生会吸烟，他自然也学会了吸烟。两个人谈起了恋爱，影响学习是必然的。小刚很想上大学，以他的成绩是考不上的，就想了一条捷径，艺术院校的文化课分数很低，可以考钢琴修理那类专业，就是给钢琴调音、校正，用不着自己有什么艺术的天分，他听了老师的建议。

按常理，上高中就学会吸烟，这种坏习惯作为母亲是不该支持的，但是，用她的话说："儿子喜欢，我不想委屈他。"有了她的默许，儿子吸烟的习惯得以明目张胆地保留下来。

很快，小刚考上了一所艺术院校，随之而来的是高昂的学费。四年大学下来，学费8万，每个月的生活费2 000多元。这个生活水准不低，为供小刚上学，她在棚户区里租了最破的房子。见她每天为生活忙得尘埃满面，我几次想劝她，是不是把这种情况告诉小刚，是不是可以让小刚不抽20元一包的烟，吸烟钱就差不多是一个月的生活费。

大学班主任根据小刚的家庭情况，给他安排了勤工俭学，每天闭馆后把图书馆以及教学楼打扫一下，每个月有400元的收入，如果节约一下，完全可以够自己一个月的生活。不到一周小刚就不干了，理由是太累，他干不了。

有段时间，朋友生病住院，没有及时给小刚汇钱，小刚打电话一遍一遍催要，朋友只好向亲戚朋友借。

"他知道家里的收入情况吗？"

"知道。"

"知道还这样消费，就有些过了。"我实话实说。

"我不想委屈他。"

"再不委屈他，他就成了你的'黄世仁'了。"

朋友先是愣了一下，几秒过后，她突然捂着脸号啕大哭起来，我不知道如何安慰她这颗破碎的心，必定是她经历了太多委屈，才有这样的伤心。果然，平静过后，朋友说："你形容得真对，虽然是难听了些，但仔细想想，这十几年来，儿子不就是我的'黄世仁'吗？我都不知道孩子怎么就变成了这样，每次晚上电话一响，心里就怕得要命，如果我给钱不及时，儿子就出言不逊！你越顺着他来，他越变本加厉，想想都害怕，将来可怎么办？"

是啊，将来怎么办？

◎ 分析：是谁让孩子失去了人生的意义

父母辛苦打拼是为了给孩子创造一个良好的生活、成长环境，这是父母的职责。但这并不代表你的孩子可以事事优越于他人，把自己的幸福凌驾于他人的痛苦之上。用父母的辛苦谋取自己非正常的快乐与欲望，这会让孩子从小滋长不劳而获的心理，认为你所有的给予都是应该的，如果你给予得不好，不能满足他的需要，他就会发脾气，甚至数落你的不是。

好心办成坏事，爱变成了谋杀的刀。

著名作家周国平说：无论在什么时代，每一个个体都必须并且能够独自面对他自己的上帝，靠自己获得他的精神个性。对于他来说，重新占有精神生活的过程也就是赋予人生以意义的过程。

让孩子拥有自我奋斗、自我前行的精神是非常重要的。

家里没钱，还要高消费，这不是简单的对错问题，而是人生观已经畸形了。人生观畸形了，如同一个人的脊柱侧弯一样，如果不及时校正，他的身体就会变形，甚至成为残疾人。

然而，身体残疾一样可以自食其力，思想残疾了，人生也就残废了。

现在社会上有很多啃老的孩子，既不工作，也不能养活自己，不是整天上网就是无所事事，需要买什么伸手就向父母要钱，没有，眼一瞪，难听的话就来了，这与一个重度残疾人有什么区别呢？

身体重度残疾无法劳动没什么好指责的，谁都不愿意生病。思想生病了，比肉体生病更可怕，肉体生病有药可治，思想得了重疾一般少有良药。

好好的孩子怎么成了残废人？这是父母的教育方式不当所产生的结果。

就算家里有钱，也不能由着孩子的性子来，这样会让孩子丢失人生的奋斗精神，就像一艘在大海航行的船只突然迷失了方向。

当一个人习惯了父母的给予，有一天父母失去对他进行给予的能力，他又要靠什么来保证现有的"美好生活"和"幸福"？

何况，对于家庭条件一般的父母，这样满足孩子，既没有让孩子懂得人生需要自食其力才能谋得未来与幸福，也让自己活得疲惫不堪。

有付出才有收获，不付出就想收获那是不劳而获。

人间有不劳而获的事吗？

孩子小小年纪成了"黄世仁"，而我们还心甘情愿做他的"杨白劳"，是该反思一下了。当下，有多少家境一般的孩子成了"黄世仁"？有多少父母成了"杨白劳"？

即使你现在不让孩子苦，等到有一天，你失去养他的能力，孩子失去生活保障的时候，他所有的弱点都会暴露出来，到那时，他没有养活自己的能力，他会仇视社会，会仇视那些用劳动换来幸福生活的人，有的还因此做出偏激的事来。你我身边有很多这样的人，许多大学生毕业即失业，不是没工作可做，而是嫌工作太辛苦，不愿意去做。

若父母提出反对，他就会和你拍桌子，瞪眼睛。到那时，你老了，也只能干瞪眼！真的成了"杨白劳"了。

☺ 父母应该明白的道理：别让孩子的心灵残疾了

生活的滋味，酸甜苦辣咸，五味杂陈，正是这些滋味，才让人生丰富多彩。乌云滚滚的天空让人心情抑郁，明媚的阳光与淅淅沥沥的春雨总是让我们欢喜不已。风雨与阳光是手牵手的兄弟，没有急风暴雨的残酷也就没有风和日丽的美好，任何事物都有着两面性，只有酸甜苦辣咸凑在一起，人生才完整。

道理大家都懂，但往往在执行的时候就变了模样。

父母心疼孩子是本能。

但水至清则无鱼。

如果小河太过清澈、干净，没有水草，没有其他浮游生物，这样的河里既不会有鱼也不会有其他水生物，原因很简单，没有相应的食物供给。

高尔基说，爱孩子母鸡都会，关键能不能拿出钙来。这个钙就是指有营养的爱。如果没有钙，就像河水太清没有一条鱼，没有营养的水，鱼拿什么来活命？

孩子也一样，没有钙质的爱不会置他于死地，但会让他的生命逐渐长成畸形，如果他是树，不是枝叉太多就是歪脖子；如果是花，就会结不出像样的果实。总之，每个生命都有自己的样子，让它长出自己的模样，开出自己的花朵，才是怒放的生命。

如果你是普通工薪阶层，告诉孩子，你就是普通人，让孩子坦然面对现实、接受现实。

很多父母因为自己"没本事"就在孩子面前抬不起头来。

这只会让孩子瞧不起你，还把你当成一个"累赘"。

教育孩子必须有正确的观念，只有在孩子的心灵上播下积极健康的种子，孩子的心灵才不会生病和残疾，孩子才能在困难面前，踏浪前行，变得优秀。

勤快了父母，懒了孩子

◎ 案例：全职保姆的悲剧

有一天看新闻，说河南信阳市罗山县朱堂乡保安村有一名叫杨锁的 23 岁小伙子，神志正常，由于父母从小娇生惯养，导致他懒惰成性，居然在家中活活饿死。是什么让杨锁成为天下第一懒人，懒到活活饿死？杨锁死后，村里人议论纷纷：

"这孩子都是让他父母给惯的，长这么大什么也不会，宁愿饿死冻死也不出去工作。"

杨锁 8 岁时，父母出门时用担子挑着他，不让他走路，怕他累着。他是个聪明孩子，可他根本不学，只要老师严厉一点儿，杨锁就会向父母打老师的小报告。第二天，父母就会理直气壮找到学校，找老师闹事。杨锁也试着干活，但他每次干活时，父母就会心疼地说："别累着，到一边玩去吧。"杨锁 13 岁时父亲因病去世，只剩下他和母亲，母亲身体不好，不得不叫杨锁帮着干活，杨锁不但不干，不高兴还要打母亲。

18 岁那年，母亲积劳成疾，离开人世。他搬到堂哥家生活，堂哥在城里的建筑公司工作，把他带到公司。杨锁没干几天就回来了，这种累活给再多钱也不想干。后来，别人又帮他找了一份宾馆服务员的工作，做了不到一个星期，嫌累，再次离职。他把家里所有值钱的东西一点点变卖，直到无东西可卖，生活无着落的杨锁最后活活饿死。

虽然杨锁只是生活中的极端个例，但现在的懒孩子不计其数。

"80后"的独生子女已经成家，并有了自己的孩子。多数"80后"婚后与父母住在一起，虽然已经为人父母，却很少承担责任，他们不会做家务，不会主动帮父母，更不会带自己的孩子。吃饭，一三五去娘家，二四六去婆家，轮着吃，小孩子则由双方父母轮着带，所以，经常能听到他们的父母发出这样的感慨。

"累死了！一天到晚地忙，带孩子，买菜，做饭，收拾家务，出去活动一下的时间都没有。儿女回到家吃现成的饭菜，饭后，不会主动洗碗，碗一放，接着就是上网，不是手机就是电脑。"此时，劳累了一天的父母多想他们可以主动洗一下碗，做点家务活，把他们自己的孩子接到手中，然而这种期待基本是落空的。

他们回家的任务是吃饭、放松，口口声声地说，上了一天的班，很累。

他们累了，可以上网、看电视，做自己喜欢做的事，按自己的意愿放松。

父母累了，得去收拾碗筷，收拾厨房，把孩子哄睡，一天就这样过去了。当他们在儿女面前表现出劳累时，有的儿女居然会这样质问：

"一天什么事没有，带个孩子做点饭至于这样累吗？"

多简单轻松的一句话，就把老人一天的辛苦全都埋没了。

父母经常唉声叹气，感慨现在的孩子太懒，哪像自己年轻那会儿，什么都帮父母做，懂得体贴父母的辛苦，现在的孩子基本是衣来伸手，饭来张口，就算是偶尔做一下，也做得不到位，父母最终还是接受了终生保姆的角色。

◎ 分析：孩子是怎么患上"肌无力"的?

有些人是怎么患上"肌无力"的? 懒到自己的衣服不洗，饭不做，父母做得不可口，还要挑三拣四。自己有了孩子扔给父母，完全是一个"甩手掌柜"。

一个成年人不爱劳动，多与他的成长环境息息相关。

没有一个孩子生下来就是懒人。如果你的孩子成年以后，懒得如此出奇，只有一个原因：在他还是孩子的时候，作为父母的你，无意中剥夺了他热爱劳动的天性。

这种现象，在很多家庭中，都非常严重地存在着。

比如说，孩子都上幼儿园了，还要喂饭。喂的时间长了，孩子就养成了不主动吃饭的习惯，或者一到吃饭时，等你喂，你不喂，他就不好好吃。再如起床时父母主动给孩子穿好衣服，准备上学所需等。

孩子主动帮父母打扫卫生，父母会说："不用你了，去看书吧。"

孩子主动帮父母下田劳动，父母会说："不用你，这么苦的活妈不希望你干。"

孩子主动帮父母洗衣服，父母会说："孩子，你洗不干净，放那儿，妈给你洗吧。"

有的父母，只要孩子学习好，什么事都不用他做，孩子唯一的劳动是吃饭、睡觉。

试想，孩子从幼小的婴儿到二十几岁，都是在这样的环境下成长的，孩子怎么能有"眼力见"？怎么能有劳动观？怎么会热爱劳动？

当然不会，因为在孩子的思想意识中，这些都是父母应该做的事。他不做，没有什么不好，更不知道这是自己分内的事。

所以，你经常抱怨孩子懒惰，怨谁呢？

有些父母不经意中剥夺了孩子的劳动权利，一是怕孩子累着，二是怕劳动影响孩子的学习。怕累着孩子，但总得自己洗衣服、袜子吧，看看现在的孩子，又有几个自己洗衣服、洗袜子的？

坏习惯养成很容易，但改掉很难，所谓环境造就一切。

◎ 父母应该明白的道理：一屋不扫，何以扫天下

让孩子多"动"一下，是刻不容缓的事。

和朋友聊天，有 QQ、微信。想见面，可以视频，基本不需要动腿。同时，社会上正流行一种错误的思想：瞧不起劳动。别说劳动，现在私家车这么普及，连走路都省了。还有一种误区是，多数父母认为干活是没本事的表现，教育小孩时，看谁干的活多，就把对方当成反面教材教育孩子。

有天我在步行街上看到一位年轻母亲指着一位环卫工人，气呼呼地对孩子说：看看他，一身脏兮兮的，干又臭又累的活，你不好好学习，将来就是你的下场！

10 岁左右的孩子用委屈的眼神看着妈妈，还了一句嘴：书上说劳动最光荣。

妈妈一听更来气了：好啊，那你现在不用上学了，扫大街

去吧！

科学告诉我们：劳动使人脱离动物的原始性，从树上离开，来到地面，开始直立行走，并产生了与动物有着本质区别的思维、语言、文明与文化。若没有劳动，人还停留在原始时代。

劳动的重要性不言而喻，却被父母甚至是教育者排到德智体美的最后一位。

劳动能锻炼肢体协调能力、大脑反应能力，也有助于身心的发育与成长。现在学校里到处都有小胖子与豆芽菜式的男女生，上体育课，哪怕是最简单的跑步，都会气喘吁吁。让孩子"动"一下，刻不容缓。

从生活的点滴小事做起，培养孩子的劳动意识。小到自己洗衣服、打扫房间、择菜、洗碗，大到参与集体劳动。不要以为这些事情不足挂齿，古人说：一屋不扫，何以扫天下？一个房间都不能打扫的人怎么可能为天下人做更多的大事呢？

爱劳动的孩子会有一个美好的明天，不会堕落。因为爱劳动的孩子无论在何种环境下都会自食其力，不给他人添麻烦。

我小时候生活在乡下，生活条件不好，每天放学后，我要做的第一件事不是学习，而是趁忙碌的妈妈不在家，去田野里拣回成捆的柴草，用来生火。如果不拣柴，就去挖野菜，等妈妈劳动回来就可以有美味的菜吃，晚上，妈妈回来看到我的"成绩"后，就会欣慰地夸我。听到妈妈的夸奖，我心里乐开了花，一点儿也不觉得累。吃完饭后，我会帮妈妈洗碗，然后在灯下开始看书、学习。有时，坐在厨房里，我会一边帮妈妈烧火做饭，一边看书，两不误。

我帮妈妈劳动时，妈妈从来没有拒绝我。

在我妈妈看来，劳动并不会耽误我的学习，虽然她不会明确告诉我一个道理——热爱劳动是一个人的美德。但是，她用事实教育我，要从小热爱劳动。长大后的我，非常热爱劳动，凡是能自己做的绝不会让父母辛苦，凡是能够自己克服的困难也不会去麻烦别人。

秋天的累累硕果是因为春天辛勤的播种。无论你身处何种环境，都离不开衣食住行，生存的基本条件是劳动。

所有财富都是劳动的结果。

一辈子很短，我们不能总是望着别人的精彩，羡慕别人的人生，而忘记了经营自己的生活，要知道，通过辛苦的努力和劳动，你也会有让人羡慕的成功人生。

适度的委屈如同感冒

◎ 案例：她是我的，凭什么你喜欢？

我表哥是当地的一位官员，他的儿子英俊帅气。表哥在当地很有能力，对儿子的要求从来是有求必应，用表嫂的话说："我们家全是当官出身，我儿子也不是一般的儿子！"

表哥的儿子很争气，在学校是前呼后拥的"大哥"。他想做的事谁也阻拦不了，看谁不顺眼，就会揍谁一顿。假期他跟姥爷打扑克，姥爷赢了，他挥手把牌桌掀翻，顺便给姥爷一拳：凭什么你把钱都赢去了呀？上高中时，他喜欢上一个女孩，恰巧，班里有位男生和这个女孩是好朋友。有一天放学后，他看见那个男生和女孩谈笑风生，不由分说，上前把那个男生一顿痛打：

"她是我的，凭什么你去喜欢？"

对方反抗，还手，他就招来一些帮手，那男生被他打得口鼻流血，没过多久，倒地身亡。进监狱是他的必然归宿。

发自内心地爱孩子，是每位母亲的天职与本能。

我有一个朋友，说起她即将结婚的儿子，对我说：

"我想把所有的爱都给孩子，也不觉得多。"

我问她："你的爱是什么？"

她回答得很爽快："把所有的钱都给他啊，让他一辈子生活无忧。我吃什么都无所谓，只希望我儿子过得好。"

她这么说也是这么做的。她把积蓄都给了儿子。

这是最好的爱吗？

◎ 分析：爱无度的后果

小时候看过一个电影，名字叫《苦果》。电影讲述了一对失去父母相依为命的姐弟，姐姐带着8岁的弟弟去市场，弟弟背着姐姐偷拿了别人的苹果，姐姐觉得这是不好的行为，狠狠地打了弟弟。弟弟泪流满面，姐姐看着心酸，默许了弟弟偷拿苹果的行为。在一个8岁孩子的眼中，姐姐的默许，一定是对的。后来，男孩总是不停地偷拿别人的东西，因小失大，最后进了监狱。这个电影，每个学期开学时，学校都会免费放给学生看。

目的是教育学生"勿以恶小而为之"。

这部电影同时告诉父母，不要因为心疼孩子，孩子要什么给什么。不忍心拒绝孩子，这种心疼往往会在不经意间腐蚀孩子的人生观、世界观、价值观。这种爱，应该视为没有原则，会养成孩子不顾成本与后果的恶习，让他难以分清哪个是合理要求，哪个不是。我们不是无所不能的孙悟空，孩子小的时候，我们有能力满足，随着他逐渐长大，提出的要求越来越多时，我们会力不从心。

2006年，28岁的兰州女子林鹃已经苦苦追寻了偶像刘德华12年，其父亲表示："如果凑不到女儿去香港的费用，我就去卖肾。"林鹃的父亲无法筹集到女儿去香港的费用后，不得不做出这样的决定。为了能让林鹃第三次去香港寻找与刘德华见面的机会，他只得四处借钱，但是，已经没有人愿意再借钱给他了，无奈之下，林鹃的父亲做出卖肾的决定。

我没有见过林鹃，也没有见过她的父亲，仅就事件而言，我个人认为，林鹃的行为很过分，根本让一个正常人无法理解和接受。父亲的一味妥协、忍让，造成了林鹃的变本加厉，最后导致了她近似疯狂的决定。

孩子提出要求时，父母一般不会考虑到孩子的贪欲，只会想到自己的经济能力能否承受，如果有这个承受能力的话，一般都会满足孩子的要求。就是在家长没有"想那么多"的情况下，小孩子的不合理要求越来越多，欲望开始慢慢滋长，等到你发现他有这个不好的习惯以后，想让他收敛这种行为，却已很难改变。

冰冻三尺非一日之寒，习惯养成也如此。

没有人一出生就带有这样那样的不良习惯，孩子的习惯、性格、品质，无论好坏，都是在后天的成长环境中日积月累形成的。

父母应该明白的道理：感冒、发烧不一定非要吃药

对孩子一味地妥协、满足，其实就是在不知不觉中破坏了孩子正确认知事物的能力，为孩子将来的人生埋下了很多隐患，适当的拒绝让孩子明白，面对纷杂世界五光十色的诱惑，要学会取舍，喜欢不一定非要拥有，远远地欣赏也是一种拥有，同时孩子也学会了换一个角度思考问题。

孩子是一张白纸，也是一棵小树。身体是成长的硬件，人生

观、世界观、价值观是软件，没有硬件当然没有软件。有了硬件如果软件不好，也一样毁了硬件。

你给他什么样的环境，他就长成什么样的孩子。

学会对孩子理性地说不，就像身体偶尔感冒一样，不必担心伤着孩子，这是排毒，孩子自身的免疫力会调节这一切。

适当地委屈一下孩子，是给孩子的不良思想排毒，让孩子明白，人生很多事不可能时时处处都能随己所愿。随着孩子长大成人，他在充满诱惑的世界里，内心会产生各种各样的需求，如果分不清哪些是合理的，哪些是不合理的，一味地索取，对他的人生观、世界观、价值观的形成非常不利。当然，若孩子动用哭闹的手段，撒泼打滚，父母也要动用"大人的智慧"先"稳住孩子"，慢慢给他讲道理，孩子也有一个适应的过程。

我儿子东哥以前吃饭时爱看电视，眼睛直直地盯着，眨都不眨一下，我意识到这样不好，关掉电视，他在地上打滚哭闹。后来我就想，这样强制也不是个办法，我决定换一种方法，温柔地给他讲道理。我告诉他，人人都要吃饭，你吃饭，电视里的叔叔阿姨也要吃饭，没过三天，他就接受了。从那以后，每当吃饭时电视开着，他就会指着电视对我说：关掉。

回头想一想我们自己的人生，往往因各种各样的遗憾而显得愈加美好和珍贵，愈加让人充满了渴望前进与奋斗的动力。让孩子适当受些委屈，只有委屈，才能让孩子正确认知成长路上所面对的每一次取舍。

多数父母不是不会对孩子说"不"，是不愿意对孩子说"不"！是不忍心对孩子说"不"！

如果你想培养一个无赖，就尽情纵容，迁就他每一次不合理的要求。

如果你想培养一个品质良好的孩子，就坚持用爱的原则对他说"不"！

假装自己很有钱

◎ 案例：我只想给你一个快乐的童年

现在的家庭大多都是独生子，父母们小时候生活水平比现在差很远，别说娱乐、营养这些高级需求，当时能吃饱饭、有书读已经是很不错的事了。因此，等到自己有了孩子，父母就有一个心愿，宁肯自己苦一点，不能苦着孩子。

总之，只要是受苦、出力的事别与孩子沾边就行。天下父爱母爱只有一个标准：让孩子享福。

有一次，我去一所小学给少先队做课外辅导。一个六年级的男生一身名牌运动装，长得也很帅，整个人神采飞扬。他给小伙伴发零食，俨然是男生中的"大哥大"。我细心观察，多数孩子对这个指手画脚的男生一脸恭敬，仅有一个男孩不满他的指挥，把糖块摔到他身上，说：

"有什么了不起的，我现在没你有钱，不等于我将来没有，我比你学习好，我比你会发明创造，我将来要做最伟大的科学家，到那时，我想要什么有什么，而你，只能伸手向父母要钱。"

"名牌男生"手一挥，旁边立即有男生准备对这个不满的男孩挥起拳脚，幸好，我在场，避免了一场冲突。

直觉告诉我"名牌男生"是个很有"故事"的人，我没有要求他承认错误，而是同他聊起他的名牌运动装。他见我没有批评他的意思，放开胆子，趴到我耳边悄悄说："我妈从小开始培养我的贵族气质和绅士风度，姐姐，你告诉我，贵族是不是很有钱啊？将来会被很多人宠着？就像现在，我们班里的男生，都羡慕我，愿意和我在一起，他们都叫我大哥。"

说不出那是一种怎样复杂的心情，面对一个孩子期待的眼神，我笑着告诉他：

"贵族不是指一个人穿什么衣服，怎么样打扮自己，而是一个人如何成为一个有益于社会的人，能给他人带来多少快乐和美好，如果你是这样的一个人，哪怕穿得很平常，你就是贵族，像爱迪生之于我们，他发明了电灯以及太多与我们生活息息相关的东西，使我们从黑暗走向光明，他就是贵族，我们理应尊敬他，向他学习。那些著名的科学家，比如霍金，他虽然坐在轮椅上无法行走，无法照顾自己独立生活，但是，他对宇宙的探索是很难超越的，这才是真正的贵族。用父母的钱，吃得好，穿得好，这不叫贵族，是父母的寄生虫。"

"可是，我穿上这身名牌运动衣，我的同学都很羡慕我，羡慕我比他们有钱，羡慕我爸我妈比他爸他妈有钱，我从来没有向我爸我妈要钱，都是他们主动给我的。"

"爸爸妈妈是做什么的？"我问。

"妈妈是工人，爸爸也是工人。"

"那你爸爸妈妈很有钱啊。"

"嗯。"男生点点头。"反正比我同学的爸妈有钱，我妈从来都对我说，儿子，妈妈挣钱都是为了让你生活得好一点。从来没见过我妈没有钱的时候，平时吃虾，她不吃，只给我吃，我问她为什么不吃，她说，吃够了，要么就是不喜欢吃。"

后来，我见到孩子的妈妈。

她直言告诉我："我并不是一个有钱人，我一直在拼命工作，想给孩子一个好的生活环境，我不想孩子从小被同伴看不起，所以，几乎把钱都花在他身上了，至于我和他爸，平时的生活就是凑合，你看我连一件像样的衣服都没有，但我从不告诉孩子我们有多难，不想让孩子从小经历生活的磨难，只想给他一个快乐的童年。"

◎ 分析：为什么说贫穷是一种优质的教育资源

有人说，家里太穷了，孩子会自卑。

这话也对也不对，如果你的孩子因为自己家不如别人家有钱而自卑，说明孩子的性格有问题，性格出了问题说明你的教育出了问题。因为家境不好自卑的孩子不在少数，但寒门贵子的人也不在少数。

这是为什么？

孩子自卑与否不取决于家里有钱没钱，而是取决于孩子的性格。

性格好的孩子哪怕特别穷，他也是一身阳光。有钱人家的孩子如果性格不好，照样不自信。

面对贫穷，性格好的孩子会把贫穷的家庭条件化作学习的动力，心里时刻装着"我要行""我能行"几个字，因为他不愿意成为家庭的累赘，成为父母的累赘。最可贵的是，这样的孩子往往还非常感恩，一想到父母在贫困的环境里供自己读书，心里自然憋着一口气，一定要好好读书，读出个"样儿"来，给父母看看，给大家看看。所以，这样的孩子容易成功。

性格懦弱、心胸狭隘的孩子，遇到一点小事就成了霜打的茄子，蔫了。他害怕别人看自己的目光，哪怕别人一句无意的话，他也会记在心里，总认为别人瞧不起他，所以，这样的孩子就被贫穷给绊倒了。

好孩子坏孩子关键看性格。

所以，很多教育家认为，贫穷是一种有效的教育资源，能够培养出优秀的孩子。

2013 年最感动我的一则新闻是从大兴安岭考入黑龙江师范大学的何家南。父亲种地，东拼西凑到 4 533 元钱，给儿子何家南做学费，何家南穿着一双半新胶鞋走完 120 里山路，再花 68 块钱坐绿皮火车来到哈尔滨。交完学费，他只剩 433 元钱，这 433 元钱是他一学期的生活费。看着同学们穿着名牌，用着智能手机、笔记本，他没有羡慕，也没有自卑。他对自己的要求是一天只吃两顿饭，一顿饭不能超过两元钱。即使这样，也不够半年的生活费。他狠狠心到学校的手机店买了一部旧手机，在校园发布了一条广告："你需要代理服务吗？如果你不想买饭、打水、交电话费请拨打电话告诉我，校内代理 1 元，校外 2 元。"

很快他的生意就火爆起来。

寒假回家时他给了父亲 1 000 元，他对父亲说，你虽然没有给我一个富有的家庭，但你给了我一双善于奔跑的双脚。

到大三时他已经被一家商场选中，成了校园总代理。他已经有了自己庞大的服务团队，目标第一桶金 50 万元。他帮助了很多人，而更大的梦想已经启程。

无疑，何家南是一个性格阳光的孩子。家境贫穷，让他不肯服输，扬帆远航。

2005 年，一则新闻引起整个教育界的关注，重庆一对富豪夫妇对女儿隐瞒了 17 年家庭实际情况，一直跟女儿装穷。母亲曾告诉她，小时候她得过一场病，为了给她治病，父母卖掉了姥姥留在攀枝花的房子，只能租房度日。听到这件事以后，孩子在日记中这样写道："爸爸妈妈爱我，我要好好报答他们。"5 岁时她随爸爸妈妈搬到重庆。因为家里"穷"，爸爸妈妈对她管教很严，6 岁时她要到巷口卖报纸，每天要卖 20 份，除了过年，她很少穿新衣服。高考时她与父母商量，要报本地的西南师范大学，理由是学费低，父母坚决不同意，要她考上海一所名校，并承诺只要她考上就奖励她出国旅游，还会在上海给她买车。孩子很吃惊，这需要十几万元呀？爸爸告诉她，这些年卖东西多少攒了一些。后来，她回学校上课忘了带钥匙，在家门口听到爸爸妈妈在争吵，母亲说隐瞒十几年终于熬到头了，可以告诉孩子自家的真实经济情况，父亲坚持要等到大学后再告诉孩子，两个人为此吵了起来。

这对富豪夫妇这样做是为了让孩子学会自力更生，让她在物欲横流的社会里仍然保持纯洁本色。

我们未必要像这对夫妇一样对孩子隐瞒家庭经济情况十几年，但我也不赞成父母明明没钱，还在孩子面前假装很有钱的做法。既苦了自己，也害了孩子，到头来，两败俱伤。

有钱的童年就快乐吗？没钱的童年就不快乐吗？

在我看来，快乐的童年本质上与物质没有必然的联系。

我们老家那地方很穷，穷到一年只有半年粮食吃。一般人家的孩子读完小学，顶多读完初中一年级就不读了，回家种地，帮父母打理生活。虽然我们的童年没有玩具，没有动画片，没有各种夏令营，没有游乐场……要什么没什么，但童年的快乐一点也不比现在的孩子少。比如晚上看月亮数星星，那时，夜晚的星星又大又亮，很迷人。没有星星的夜晚一样玩得不亦乐乎，在各家的院子里捉迷藏，丢沙包，跳格子，每天晚上都要父母喊个三五遍才回家。春天的时候一帮孩子去田野里挖野菜，夏天雨后一帮小孩坐成一圈，摔泥泡，谁输了就要把自己的泥团给对方，经常摔得满脸满身都是泥，被父母骂过后下次仍然不长记性，雨一停就会约上一帮小伙伴继续玩泥巴，乐此不疲！

现在回想起来，一帮小伙伴玩泥巴挖野菜的经历都是非常快乐的。那样的快乐，营养了我现在乐观的人生。

◎ 父母应该明白的道理：孩子必须建立自食其力的勇气和习惯

大自然中有一个现象：城市绿化用的花草树木要定期修剪、施肥、浇水，不然的话就会死掉；野外的树木花草从来没有人关注它，没有人给它定期施肥浇水，每到春天来临，它不但没有夭折，还会枝繁叶茂，开花结果。哪怕是在干旱少雨的荒漠，哪怕是在土地贫瘠的山崖，哪怕是在寒冷的极地，都有适合此地环境的植物茂密地生长着。

每年的秋天，胡杨林区就美成世间一片独有的风景，吸引着成千上万的游客去欣赏。精美绝色的风景，很难想象它的生长环境——胡杨林通常生长在沙漠中。胡杨林耐寒、耐旱、耐盐，抗风沙，有极强的生命力，成为了准噶尔的一张名片。

艰难困苦，玉汝于成，人的成长也一样。

教育可以运用正确的方法，有意识地创造一些情境，让孩子在成长的过程中适当体验一些"反面"教育，以培养孩子的韧性。例如，带孩子到贫穷的地方走一走，让他适当地吃些苦头，这样可以培养孩子的坚强意志，提高孩子对环境的适应能力。贫穷是重要的教育资源，当然也不是越贫穷对孩子越有利。如果基本的生存无法保障，有的孩子性格不好，意志力不坚强，会陷入无望当中。

富裕是一种更高级的教育资源，西方人说：三代才能培养一个贵族，没错！高级的教育资源需要高级的教育方法来匹配和应对，如果做不到，富裕则会给孩子的成长带来更大的挫折和灾难。

也就是说，父母必须放下厚爱，让孩子建立并养成自食其力的勇气和习惯，让他独立成长。

凡是能自己做的，必须自己去做。凡是自己应该做的，必须让他尽力去做。温室里的花朵，承受不了狂风暴雨的侵袭。小小的挫折和适度的苦难能激发孩子勇敢无畏的精神，培养孩子在困境中自我扬帆的心态，磨炼他面对挫折的毅力、耐力。父母应该主动引导孩子遭遇"挫折"，鼓励其克服困难，这并不是一件坏事。

有句话我认为是误导：苦什么不能苦孩子。

假装有钱，本身就是一种畸形的消费观，会误导孩子并不成熟的思想、身心，长此以往，孩子觉得父母吃苦受累让他享受生活是应该的，如果有一天他不能过上富有的生活，父母就成了罪人——谁让你生了我？生了我就得让我过上富有的生活。就算你是富翁，富可敌国，也要告诉孩子，钱是你挣的，你有钱并不代表他有钱。如果自己也想拥有很多财富，那就踏实做人，努力学习，只有对自己的现在负责，将来才可能有无限美好的前程。

没有原则的花销，只会宠坏孩子，折损他的青春年华。

每年大学开学时都会有这样真实的"笑话"发生：有的孩子看到农村父母探望自己，怕同学笑话，就说父母是老乡或亲戚，有的干脆装作不认识。

记得台湾著名作家龙应台在她的散文集《目送》中写道：

博士学位读完之后，我回到台湾教书。到大学报到第一天，父亲用他那辆运送饲料的廉价小货车长途送我。到了我才发觉，他没开到大学正门口，而是停在侧边的窄巷边，卸下行李之后，他爬回车内，准备回去，明明启动了引擎，却又摇下车窗，头伸出来说："女儿，爸爸觉得很对不起你，这种车子实在不是送大学教授的车子。"

每一位父母都想给孩子最好的生活，这无可厚非。

但如果你没有能力为他提供最好的生活，不要打肿脸充胖子，强求这一切。

很多名人、伟人、在某一行业功成名就的人，少年时几乎生活在困顿中，就是那样困顿的生活激起他们的伟大理想。在生活中很多人都是从贫穷中走出来的，后来经过努力打拼，都过上了自己想要的生活。

像奖励员工那样奖励孩子

◎ 案例：用钱刺激孩子学习

也不知道从什么时候起，社会上流行起一股风：孩子考试考得好就重奖，满足他的各种愿望，或者给他一些钱，让他自由支配。考不好就会重罚——打，骂，不许出去和伙伴们玩！

一个叫孙力的学生，他妈妈给他做了一个很详细的奖惩规定。

每周单元测验，第一名200元。

期中考试，第一名1 000元。

期末考试，第一名2 000元，第二、三名1 000元，第四、五名500元。

小学进重点初中，3 000元。

初中进重点班，4 000元。

初中进重点高中，5 000元。

考上名牌大学，重奖20 000元，考上普通大学5 000元。

至于每天的作业，写好一科，5元到10元不等。

还有一个叫菲菲的学生，她妈妈也是用钱"刺激"她学习。菲菲学习不好，基本上是得奖无门，但为了得到钱，实现自己的愿望，每次考试时，菲菲都会偷偷作弊，被抓到不止一次，老师批评她这种不诚实的行为，菲菲恨恨地反击：

"凭什么我不能拿奖金？"

◎ 分析：用钱奖励孩子学习到底好不好？

对于用钱奖励孩子学习的行为，我与菲菲的母亲有过一次交流，菲菲的母亲这样说：

"人家的孩子都能考出高分，进名校，你不这样要求孩子，将来她什么学校都考不上，吃亏的不是她自己吗？管它是好主意坏主意，只要能考出高分就是万全之策！何况，我也不认为这个方法有什么不对，我是她妈，得给她钱花，这样，我平时只给她吃午饭、坐公交车的钱，她想要什么东西，我不反对，自己挣。如果考得好，我不会缺她的钱，考得不好那就少给或不给，算是惩罚吧。话又说回来，我这也是教育孩子如何挣钱、理财，让她明白，父母挣钱的辛苦。我不会让孩子落在别人的后面，将来考一个末流学校，如果到那时，才是我最痛心的。等她走上社会以后，就会明白我的良苦用心。"

菲菲母亲的话，代表了一部分父母的想法。

那么，用钱奖励孩子学习到底是好还是不好？

有人说好，孩子可以用自己挣来的钱名正言顺地买自己喜欢的东西；也有人说不好，这违背了教育的初衷。这个问题，我们成年人也争论不休，有老师请我给孩子举行一次班会，主题是讨论用钱奖励学习好不好，并请来学生家长参与，让大家各抒己见。

孙力第一个站起来发言："通过自己的劳动得到没什么不好！平时我想买手机，爸妈心疼钱，不给我买。现在好了，我想买就买，自己挣的钱，想怎么花就怎么花！劳动所得，有什么不好吗？"

班长站起来公开反对孙力："我认为你说得不对！你考多少分，懂多少知识，都是你分内的事，与父母给你钱没有关系。作为学生，学习是你的主业，父母为什么要奖励你？你有什么理由说你花的钱是自己劳动所得？那不过是给自己的虚荣心找个借口而已，还有，你买名牌本身就是错误，虽然你的钱是父母奖励你的，但那同样是他们的汗水钱，只不过是换了一种说法而已！"

体育委员赞成孙力："上学跟上班没什么区别，爸妈奖励就学，不奖就不学！我现在已经挣了不少钱，这几天我得休息一下，老挣钱也累，等我挣的钱花完了再学也不晚。"

"他们不奖励我，挣的钱也是我的，我妈从不限制我花钱，只要合理的都给。"

……

孩子们都把心里的话说出来了，家长们也畅所欲言，各抒己见。

说好的认为，大人本身就没有多少时间，上了一天班，回家累得不想动，还要管孩子学习、做饭、洗碗、收拾家务，哪有心情？所以，钱是管理孩子学习最好的老师，很有成效。如果认为学习是孩子分内的事，自觉的孩子自然没问题。不自觉的孩子，如果父母一时疏于管理，他真就一直玩到长大，孩子一辈子的前程不就毁掉了吗？

有的家长认为，用钱刺激孩子学习，坏处远远大于好处。金钱的奖励，最开始很奏效，但问题也会随之而来，你开始奖励10元，没过几天，他就觉得10元太少了，"劳动"了一晚上就挣了10元不划算，他会同你讨价还价，给他50元，他想要100元，胃口越来越大。如果你以各种理由拒绝，孩子就会消极怠工甚至罢工。这事孙力就干过，有些天母亲发现他写作业不像以前那样积极，就问他怎么回事，孙力的回答让她震惊："现在不缺钱，少写点，当休年假了。"

◎ 父母应该明白的道理：让孩子对知识充满敬畏

人对知识要有敬畏之心，就像我们敬畏自然敬畏规则一样。

你可以认为你的一切美好幸福生活都是钱带给你的，这个我不否认。老百姓说没啥别没钱，对！经济是决定一切上层建筑的基础，是生存的必需品。但在你认为这一切是对的之前，请回答我几个生活中常见的问题。

1. 你在本城市每天上班是坐公交车、地铁，还是坐牛车？

2. 如果你的家在北方，冬天去海南度假你坐飞机还是骑自行车？

3. 你每天与朋友们来往是用微信、电话还是发电报？

4. 你给客户付款是用镖局护送大把现钞还是网上轻轻一点就过去了？

5. 如果你现在住的是高层，没有电梯可以吗？

……

现代生活的便利源于科技，科技引领人类改变落后的状态，创造未来，但科技是什么？

科技是知识。

没有知识，我们还是原始人。

古往今来，腰缠万贯而名垂青史的人不多，学富五车的先贤却往往流芳百世。

老太太都知道叫小孩子背唐诗宋词，农妇也会教孩子记"床前明月光"……

孩子从胎儿时期起，就要接受音乐的熏陶，让他听肖邦的钢琴曲、莫扎特的小夜曲。

你见过有父母从孩子小时候就教他记谁是唐朝的首富，谁是宋朝的富豪吗？不但没有，我们也不知道，估计只有历史学家知道。

唐诗宋词历经千百年的烟火仍然被后人学习、默记、传诵，并把它们列为中华优秀传统文化的宝藏，说明人类对知识一直存有敬畏感。既然父母认可对知识的敬畏，那就让孩子也对知识产生敬畏吧。当一个人对一件事产生敬畏的时候，他的内心就会涌出积极向上的力量，顽强地生长。

用钱刺激孩子学习，或许能考出高分，或许能上好的学校。但方法用错了，过程再美好，最终抵达的此岸与你想要的彼岸相去甚远，还让孩子忽视了自身成长的责任，忽视了自身教养的成长，忽视了精神成长的活力。

一个对知识不存敬畏的人也就意味着道德、修养全无。凡事用钱买，再崇高的事物也变成了交易。

一切都可以交易，知识不能。

一切都可以买卖，文化不行。

一个民族没有知识就会落后挨打，清朝给我们上了最好的一课，一个人也是如此。

任何一种不健康的价值观与思想观的形成，都不是一天两天的过程，是日积月累、长期积淀的结果。就像蔬菜烂掉，猪肉腐烂，都是从量变到质变的过程。菜叶不是迅速烂掉，而一定是先失去水分，然后菜叶枯黄，过了几天才慢慢地发黑、烂掉。培养孩子也是这样一个过程，一切的萌芽都是不知不觉的，当你感觉到时，已经形成定式。

父母应该把更多的精力放在培养孩子热爱读书的好习惯上来。

如果你的孩子不爱读书，自我管理能力不好，也不要火烧眉毛一样对孩子大吼大叫。

让孩子尽早建立自觉读书的良好习惯，就要对孩子做出正确的引导，先让孩子读他感兴趣的书，孩子才能体验到读书的好处与乐趣。然后，再慢慢选择其他，循序渐进。切忌急于求成，一口吃成胖子。最好的方式是父母和孩子一起读书，读过以后，要主动与孩子讨论哪本书写得精彩，为什么精彩。引导孩子参与辩论，哪怕他说得不好，也要给他肯定。孩子在短时间内就会感到读书的乐趣，进而兴趣大增。久而久之，孩子会在不知不觉中养成热爱读书的习惯。只要一个人非常热爱读书，他的前程就不会差到哪去。

这样的培养有可能时间会漫长一些，进展会缓慢一些，但总比用钱奖励好。用钱奖励孩子学习不是没有作用，这种作用有可能像感冒发烧时医生给你用了最好的抗生素一样，感冒症状立马消失，但其隐性危害是你一时难以发现的，除非你再次生大病——医生已经没有药可以救你，原来用过的抗生素已经无法消灭你身体里的有害病菌。

我们最终的目的，是要让孩子懂得，学习是一个人终身的自我管理与成长的必然要求，和粮食一样，应成为我们人类个体生活工作的必需品。吃饭，不是给父母吃饭，而是身体需要。胃里空了，会有饥饿的感觉，一顿两顿不吃没什么，顶多是饿一点而已，但也坚持不了十天半个月，身体会因失去能量供应而死亡。

当然，不学习不会让人死亡。

但一个不学习的人活在现代信息社会里，与一个野蛮人有什么区别？

无论家长还是孩子，读书学习，努力前行，都是为了发掘更好的自己。而一个热爱读书学习的孩子，他的自我修复、自我塑造的能力是非常强大的。这样，孩子才能更好地对自己的未来负责。

养出来的坏毛病

◎ 案例：富养的女儿

朋友老公是建筑商，家境殷实。她有一个女儿，没考上大学，通过关系上了一所大学。说起养女儿的经历，她感慨。

我女儿那哪是花钱呀？简直是烧钱，一个月最少3 000元（说这话时是十年前）。如果她来电话，一定是没钱了。钱到她卡上，电话立马消失。没钱之前的几天，准是打她爸电话，一阵"嘘寒问暖"，对老爸关心得"无微不至"，她老爸一感动，每次都要打很多钱给她，我每次都提醒她老爸不要被女儿的"糖衣炮弹"拉拢。她爸不听，还振振有词：孩子嘛，让她花去吧，咱挣这么多钱不都是给她留着的吗？

上大学四年，花了十多万，那么多钱，也不知道她都干什么了。

毕业后，一直在家待着，不好的工作她不想做，好工作也不是那么好找的，你说愁不愁人，在家待着，每个月最少2 000块的花销，我不是心疼她花我的钱，而是担心她将来成家怎么办，这样的孩子知道什么叫过日子？有钱就花，根本不想明天没钱怎么办，我现在身体健康，还能为她料理生活，如果有一天我老了、病了，不能为她料理生活，她还能过得这样舒心吗？

所以呀，你有孩子可不能这样宠着——她拉着我的手说。

看到她脸上的无奈，我相信，她确实非常忧心。

前段时间，有个朋友跟我感慨：月薪 20 000 元，养不起孩子一个假期，儿子读小学六年级，适逢孩子假期，工资根本不够花，她给我算了一笔账：一趟美国游学 20 000 元，假期钢琴考级 2 000 元，报了一个游泳班 2 000 元，一个作文夏令营 5 000 元，一个轮滑班 1 000 元，加起来 30 000 元，还不算孩子的吃喝用。

在青岛曾经发生这样一件事，一位德高望重的老教授亲手杀死了自己的儿子，法院判决死刑前，所有同事、朋友和熟悉他的人都一起联名上书法院要求放过老教授。我没有见过老教授本人，我是在电视新闻上看到老教授杀人的事的。那天，他站在镜头前泪流满面地讲述他为什么要对自己唯一的儿子痛下杀手。25 年前，儿子出生，一下子成了家里的独宠，视若珍宝。儿子从小什么都要最好的，慢慢地养成了好逸恶劳的习惯，父母的工资都给他还是不够花，没钱就卖家里值钱的东西，最后家里让他卖得一无所有。没钱就打他父母，母亲让他打得不敢回家，东躲西藏，甚至连青岛都不能待，跑到南方的城市藏起来。在老教授又一次承受完儿子的拳脚之后，夜里趁儿子睡着，老教授杀死了儿子。

有的悲剧带血，有的悲剧不带。

不带血的悲剧更可怕，不是一时痛，而是痛了一辈子。那些带血的悲剧当时可能会伤心欲绝，但时间会抹平创伤。钝痛则不一样，完全是锈刀割身上的肉，每天都疼。

◎ 分析：到底是穷养好还是富养好？

现在大家有一个共识：儿子穷养，女儿富养。为什么儿子要穷养，女儿要富养？

儿子要穷养的认为，给儿子太多钱，会养成败家子！

女孩子就不能这样养——女儿太贫穷长大后多半会堕落。女孩若从小就在苦环境里长大，没见过世面，大了以后会爱慕虚荣，贪图别人的小便宜。那些小小年纪学坏的女孩子多半生活在贫穷的环境里，有男人给她一点钱，她就会心动，容易遇人不淑。

所以，女孩子不能穷养，要用钱把她培养成大家闺秀，培养成淑女。只有这样，女孩子长大后面对人生的各种诱惑，才能不为所动，有钱人家的女儿一般不会遇人不淑。

我有一位朋友，主张对女儿富养，那天我们在一起吃饭，我们产生了激烈的辩论。他说："我的女儿要什么我都会满足她，只要她跟我讲，我不允许她要别人的东西，我希望从小培养她的品位，举手投足间都透着优雅。"

"可是，如果有一天，她嫁了一个很穷的男人，"我立即反驳道，"她还能忍受吗？"

他说："她嫁的那个男人很穷，她可以忍受。但如果跟着我受苦她就会难以忍受，不安心读书，想办法去挣钱，面对别人的一点点施舍，就会飞蛾扑火，把钱看得高于一切。多数贫困中长大的女孩子都会犯这样的错误，我不允许我的女儿犯这样的错误，也不可能看着她自毁前程。"

"如果有一天她自己不能挣钱，又很能花钱，你怎么办？"我反问。

他说："我会一直给她钱呀。"

"可你也会老的，会比她先离开人世的。"

他张口结舌地看着我。

"富养的孩子从小到大衣食无忧，如果有一天，条件和环境都不允许了，她还能从容面对人生吗？她能否经得起人生的波折与磨难？她能否有勇气和信心走出人生的迷雾？"我再次反问。

◎ 父母应该明白的道理：培养孩子的精神长相

给孩子提供基本的物质生活是必需的，也无可厚非。

但不管家里什么条件，孩子的吃穿用都要比别人好，这种富养，往往会养出寄生虫式的孩子。往大了说，他不会有大理想、大胸怀、大境界、大追求，不会成为栋梁。往小了说，他不会体谅父母，不会常怀感恩之心，不会珍惜生活的美好。

一旦父母"断供"，可想而知，他会如何不知所措。

南京师范大学郦波教授说："这是一个全民富二代的时代，我们指责富二代的行为失当，但是其实，我们都是富二代的践行者。"

所谓"全民富二代"，是指我们不是富人，却以富二代的物质标准满足孩子的要求。是啊，明明自己过得很辛苦，但孩子的每一个要求都要倾尽所有来满足。现在，我们多数孩子是独生子，父母使劲把自己当成孩子的印钞机。这样，很多家庭条件一般的孩子就成了伪富二代，导致大量"啃老族"的出现。这个现象说明，富养孩子，很难养出社会精英，甚至对孩子的健康成长非常不利。

电影界不老的女神赫本在遗言里这样说：

"若要优美的嘴唇，就要讲亲切的话；若要可爱的眼睛，就要看到别人的好处；若要苗条的身材，就要把你的食物分享给饥饿的人；若要美丽的秀发，在于每天有孩子的手指穿过它；若要优雅的姿态，走路时要记住行人不只你一个。人之所以为人，必须充满精力，自我悔改，自我反省，自我成长，并非向人抱怨；当你需要帮助的时候，你可以求助于自己的双手。在年老之后，你会发现自己的双手能解决很多难题，一只手用来帮助自己，另一只用来帮助别人。"

赫本说出了一个人长相的全部——前面说的是体貌长相，后面说的是精神长相。

体貌之美看得见摸得着，在衣着的衬托下，举手投足，十分得体。精神之美看不见摸不着，却暗香浮动。这是一个人的品格、教养、眼界、心胸、责任、毅力等的综合体现。

体貌之美往往也是一个人精神长相的最直接体现。对于一个孩子来说，好的精神长相一定是他的脸上经常带着灿烂的笑容，机智伶俐，既懵懂又纯真，诚实，乐于助人，阳光开朗。一个女孩子，可以不貌美，但她宽容、真诚、快乐，这样的女孩子谁不喜欢呢？一个男孩子，可以不帅，但他有担当、有责任、有道义，有为理想献身的精神，有实干的精神和战胜困难的勇气，这样的男孩子长大后，一定会好运连连，想不成功都难。

精神品质决定一个人的发展高度。

孩子的成长离不开物质所需，但不是给孩子的物质越多越好，有时候，克制一下泛滥的爱，反而有利于孩子的成长。对于孩子的培养，最终是精神的培养，一个人将来在人生的路上是否走得顺畅，是否走得更高更远，不取决于他从小是否吃穿用是名牌，而是取决于他的精神长相。

如果一个人从小到大都没有精神长相，就算他用的都是名牌，就算他的成绩总是第一，即使一时成功，后面的路也不见得会顺畅。

苹果公司创始人乔布斯，他非常有才华，但他自私、极端、冷漠、性格暴躁。尽管养父对他非常好，他还是对亲生母亲怀恨在心。很多同事没法与他合作，很快他被赶出公司。这期间，他开始寻找生母，见到母亲以后，他慢慢理解母亲当年不是故意遗弃他，郁积多年的心结终于打开，与同父同母的妹妹关系也融洽了很多。重新回到公司后，乔布斯的性格有了很大转变，变得温和了很多，也懂得了包容别人。

你看，一个人的精神长相对于他的未来有多重要。

父母的职责，是尽力帮助孩子净化各种可能的精神污秽，让孩子逐渐养成自己的精神长相，在孩子的心灵上播种积极向上的精神种子，培养孩子的阳光心态和在困难面前不轻易放弃的坚强品质。

给孩子好的物质生活，让他读书，是希望他长大离开父母的庇护以后，拥有更多机会选择自己想要的生活。这种自己喜欢的生活方式只能由孩子本人来创造，而不是父母永远地给予。

天下没有不劳而获的事。

父母的生存压力，孩子无法体会。

将来，你的孩子也会与你一样走上社会，面对这样那样的生存压力以及残酷的竞争，每一种挫折的来临不会以你的意志为转移，每一次痛苦的到来不是你逃避就可以避免的，这些都会在人生的某一处路口意外出现。

　　精神长相会帮助孩子认清人生的方向与意义，使得自己不会在诱惑面前迷失自己，哪怕在风雨中，也不会在前进的路上迷失方向，而会不断丰盈自己的心灵与情感，从单纯到羽翼丰满，从柔弱到乘风破浪。

　　精神长相的培养越早越好。

　　主动引导培养孩子从小事做起，遭遇挫折时帮助孩子建立信心和勇气，感受真实的成长，让孩子在潜移默化中，慢慢养成坚实的品质，学会担当，即使面对困难也依然有阳光的心态，这才是真正的富养。

第三章
爱是无条件的接纳

以爱的名义，死磕到底

◎ 案例：我是爸爸的私有产品

初中女生小丽的父母在她三岁时离婚，她一直跟着父亲生活，原本一对相依为命的父女，经常吵得不可开交，小丽情绪激动地向我控诉她老爸：

"他特别武断，什么事都不听解释。他说的什么都对，别人都错，难怪我妈跟他离婚！跟他生活在一起我都快崩溃了！"

"难道他不是你亲爸？"我故意跟她开玩笑。

"还不如后爸呢。"小丽说，"其实也没什么大事，一些鸡毛蒜皮的小事他也能弄出个事来，不管什么事，他说怎么样处理就怎么样处理，他从来不问我的想法。这世界就他一个人是真理，别人什么都不懂。我要说东，他非说西，我在他眼里就没有一件对的事，没一件让他值得自豪的事。我看书也只能看与课本有关的书。别的书，在他眼中，都是没用的书，既浪费钱，又浪费时间，我作文不好，很想在阅读和写作上提高一下，经常买一些文学书，你猜我爸怎么说，'你是考大学又不是当作家，考不上大学不是白读书了吗？连书都读不好，能当上作家吗？'跟他讲道理，简直就是'对牛弹琴'。我是个女孩子，我爸不能接受我把头发弄得卷曲一点，要是穿裙子他更是看不惯，他最喜欢我穿那些肥大的校服，他说，这才像一个学生。难道学生就不能把自己打扮得美一点吗？何况穿衣服、把头发的形状弄得好看一点也是学习美的过程。我跟他讲我喜欢的偶像，他不屑一顾，那有啥好喜欢的？接着就给我扣个肤浅的帽子。我要是不听我爸的，他就会愤愤地说，养你这么一个白眼狼……"

父母完全"控制、占有"孩子，是目前家庭教育中普遍存在的现象，即使有些家庭没有离异，有些孩子与父母的关系也好不到哪儿去。大部分矛盾的焦点都是父母对孩子的生活学习干涉过多，引起孩子的不满。

有的父母一生气，干脆直截了当地对孩子说：

"你要是不听我的，就别花我的钱！"

"你要是不听我的，你别管我叫妈！谁好你就管谁叫去！"

……

父母与孩子往往为一件小事死磕到底。

有位母亲很强势，儿子做任何事都要他这个妈"点头"。自从她儿子上初中以后，就实行每天向她汇报的制度，就像下属每天向老板汇报工作那样一板一眼。每天与谁交往，都做了什么，都要说清楚，说不清楚就会遭到母亲的严厉斥责。儿子不堪母亲的严苛管教，愤怒之下，离家出走。

——又一个死磕的故事。

分析：父母为什么喜欢把孩子当成自己的私有产品？

家庭教育中，父母处于主导地位。

《弟子规》中这样讲：父母呼，应勿缓；父母命，行勿懒。我们的传统教育是父母说什么，无论对错，都要顺承。父母呼、父母命事实上讲的是压制式教育，这种压制式的教育模式存在了几千年。

随着社会的发展与时代的进步，这样的"顺承"显然已经不适应孩子的成长需要。但也正是这样一种几千年延续下来的顺承思想，使得多数父母认为，孩子是我生的，我养的，我怎么管教都是自己的事。孩子顶嘴，或者提出不同意见，就是"大逆不道"。或者是父母从来不觉得自己的做法对孩子有什么不好，既然是什么都好、都对，孩子不听就更得严加管控，压制孩子反抗。

然而，孩子的成长不仅仅是个子长高了，身体壮实了，他的身心发展是同步的。

与幼儿园时处处黏着爸爸妈妈不放形成鲜明的反差，孩子进入小学、初中后，身心、思想发育得都很快，独立意识、自我意识越来越强。他们有了一定的判断能力，你再随意支配他们，让他们言听计从，像小时候那样摆布控制，这会变得困难起来，孩子从亲密无间，事事依赖父母，到突然闹着独立，父母会感到不适应。通常是孩子努力挣脱父母的管束、控制，父母就会产生强烈的控制欲，用力抓牢，所以，父母与孩子成了亲密有间的敌人。

孩子虽小，也有自己的人权与思想，需要成长的空间与独立交往的自由，他们会用自己的眼睛看世界。平时，我们的父母总爱以大人的口吻，居高临下地以为，一个小屁孩儿要什么空间，闹什么独立？于是，父母仗着自己的身份，左右孩子的一切。以爱的名义，干涉他的生活，谋划他的未来。

孩子是人，不是产品，产品是静态的，可以按自己的意愿随意设计、改变、删减。孩子是动态的，他的行为思想随时随地受环境影响，有时一件小事就会改变孩子看风景的心情、前进的方向甚至理想。

◎ 父母应该明白的道理：孩子不是你要塑造的盆景

父母爱孩子，这是毋庸置疑的。

正是因为父母无条件地爱，心甘情愿地付出，不知不觉间把孩子当成了自己的私有产品，孩子稍有说不，稍有反抗，就会横加指责。殊不知，当孩子来到这个世界以后，就是一个独立的生命个体，每个生命个体都有自己的生长方式。

芭蕉喜欢热带多雨的环境，红松喜欢高寒的地方，白云喜欢与清风为伴。

孩子也一样，他是一株动态的小树，是一株有思想、有喜怒哀乐的小树。父母是这株小树的养育者，给他施肥，浇水，松土，捉虫，让他沐浴灿烂的阳光，自由地呼吸田野里的新鲜空气，而不是强行捆绑枝条把他变成一个你想象中的"盆景"，或是为了克隆另外一个自己。家长应该极尽可能帮助孩子选择他自己的成长方式，极尽可能帮助孩子成为他想成为的人，尽可能帮助孩子从懵懂到豁然开朗，从事事依赖到渐渐独立。父母与孩子都是独立的个体，就像一棵树与另外一棵树的关系，每一棵树都有自己的根基，每一棵树都有自己的风景。

世间没有两片相同的树叶，当然也没有两个相同的人。

哪怕父母和子女。

中国式父母的教育就是凡事不放手，不撒手，如果孩子不听劝，不按照自己事先设计好的路线前进，父母就会纠缠不休，与孩子死磕到底。这让孩子没有了自己。一个没有自己的孩子，何谈身心健康？一个身心不健康的孩子，何谈快乐？一个不快乐的孩子怎么可能发自内心地热爱生活、热爱学习？怎么可能与人和谐相处？怎么可能对自己还没有开始的人生充满憧憬？

孩子虽小，但他同样有自己的想法与见解，这些想法与见解是孩子对世界最初的认识，是人生观、世界观、价值观逐步形成的过程，是成长必然要经历的阶段。在这个阶段，孩子需要个性展示与自我重塑。

众所周知，在单位或集体中，老板掌握着员工的生杀大权，包括你的薪水、前程、休息与工作时间安排，甚至工作期间私下里做了什么、与谁交往过密等，他随时可以控制你的行动自由。员工尚在忍受，是不得不屈服于老板，因为他要养家糊口，而一旦其他公司有适合自己的职位就会立马转身离开。员工尚且如此，一个没有成年的孩子在这样的环境下成长，更是一件可怕的事情。有时看似父母胜利了，孩子表面屈服了，其实，惨的是孩子。

我们养育孩子，肯定不想孩子长大后性格软弱无主见，肯定不想自己的孩子是"植物人"。

那就给孩子自我成长的空间，给他接触社会与人生的机会，给他展示自我的舞台，而不是在你的控制、占有下变成一个没有性格与思想的"植物人"。

还给孩子本来的世界，让他用自己的眼睛看社会，看人生，放开他的手脚，给他更广阔的空间。只有这样，他的明天与未来才能有无限发展的可能。

你是我最爱的陌生人

◎ 案例：我的管教老妈

我讲课的学校有位学生，网名是"孤独的小孩儿"。

每次郁闷时，她就会在QQ里和我交流自己的心情，她与老妈每天都搞得烽火狼烟，快烦死了！时间久了，她拒绝与老妈对话，拒绝老妈走进她的世界。她越是这样，老妈越是急躁，那张刀子嘴，所到之处寸草不生。

"孤独的小孩儿"经常向我投诉她的老妈，性格太差，不知悔改，可惜，她不是老爸，无论怎样投诉都没有用。

"她哪是我妈呀，简直就是暴君，跟慈禧太后一样专制，只许她满山放火，不许我点灯。每天回来晚一点她就像审犯人一样，烦死了。

我有写日记的习惯，写完之后，把日记藏好，不让她发现。平时，我很留意自己的'私人物品'（日记信件一类的东西）是否被她动过。表面上，我妈装得视而不见，经常借着伟大母爱的谎言，完成私家侦探的任务，想走进我的心灵世界。

有一天，我用刚买的笔记本故意写了一篇子虚乌有的日记，上面杜撰了我与一位男生的友情，放在那个没有上锁的抽屉里。

日记上面放了一根头发丝，如果她动了，不易被发现的头发丝就会掉了。果然，晚上放学后我看到日记封皮上的头发丝没了，我装作什么都没发生一样，吃完饭回到房间里安静地写作业。周末的时候，我在看电视，我妈终于忍不住了，问了我一些'莫名其妙'的问题，我暗自庆幸，她没有看到我的真日记，否则的话，以她的火爆脾气，不把我揍扁才怪！

事实上，我妈偷看我的日记，无非是想知道我的心里想什么，在外面都干了什么，和谁在一起。有一次，我发现，她不知用什么手段把抽屉的锁给弄开了，那里，有我初中一年级到初中三年级的好几大本日记，全都让她给翻看了，你知道吗？我当时就好像没有穿衣服一样站在一个陌生人面前，一点尊严都没有了。

她是我妈不假，生我养我不容易，但这并不代表她可以随便侵犯我的隐私，可以随意入侵我的心灵。并非我不懂母亲的良苦用心，她这种方式让我无法接受，简直就是强盗。她现在抱怨我对她守口如瓶，她怎么不问问自己，我为什么要这样？以前，每天放学我都主动把学校里发生的大事小情告诉她，经常把好朋友领到家里写作业、一起玩。我的同学在她眼中没有一个好人，好像她是凤凰，我的朋友却连家鸡都不如。以我妈的标准，我只能一个人孤独地活着。有一次，我们几个要好的男女生庆祝我的文章在一家刊物上发表，在场的每一个男生用拥抱的方式表达祝福之情，为这件事，我妈给我扣上风流的大帽子！扣个帽子也无所谓，问题是她天天在你耳边叨叨这件事，烦不胜烦。人家是捕风捉影，我妈那是没风也能刮出滔天大浪来！

我曾经抗议我妈：请你不要第99次告诉我，ＸＸＸ不是好东西，你不了解对方，怎么就凭一面之缘断定他是个不良少年？

请你不要随意查看我的隐私，就算你是我妈，不经过我的许可，就是对我尊严的踩踏！我妈听了立即火冒三丈，好像我犯了欺君之罪一样，恨不得给我几耳光！

'我是你妈！你妈！懂吗？妈是什么？妈妈有权力决定是否把你生到人世间来，监护你一路成长，也就是说，在你没有成家以前，你做的任何事情，你在想什么，她都有权力知道，也有权力行使否定权！不要以为你老妈这样做太过分，记不记得你二姨家的小姐姐因为交友不慎结果进了少管所？一关就是三年，一个女孩子的青春有几个三年可以这样挥霍？难道这不是血泪教训吗？你想重走她的路吗？到那时，你后悔都来不及！晚回家一会儿，我担心你路上是不是遇到什么麻烦，万一被坏人盯上，打劫你，生不如死的是我！有人胆敢伤害你半根毫毛，我会拼出老命保护你，为你上学的费用可以低三下四求上司不要让自己下岗，这样一个为你无私奉献的人，你居然对她说，请尊重你的隐私！不是你老妈我小心眼，养育你十几年的风雨情都不如你们几个小毛孩子混几天的感情，还怪我愤怒！还让我尊重你的隐私！遇到同事朋友熟悉的人，我总在他们面前夸你如何懂事，聪明漂亮。实际的你呢？经常气得我火冒三丈，急火攻心，我却在别人面前违心说你的好，而你却不顾我的这张老脸，逢人控诉我对你的压迫和暴行，我以为，没有人格尊严、没有自尊的是我，你却是站着说话不腰疼……我省吃俭用，一心一意为了你，你却不感恩，我努力放下架子接近你，你仍然冷漠。孩子，你是我怀胎十月生下来的，为了你，我吃苦受累都不在乎。小的时候，你要骑大马，我就在地上爬。现在你长大了，我跟你讲话，你一概不理我，说什么代沟，我吃的盐比你吃的饭还多，你说我有什么不明白？'"

我认识"孤独的小孩儿"她妈妈，做物业管理工作，她妈妈给我的印象，是个特别能干的女性，整天风风火火的。有一次我在大街上遇见她，我对她说："你已经被孩子差评多次了，是否想过改进一下服务态度？"

她哈哈大笑："我早就知道我家闺女向你投诉我了！"

"那你打算怎么办？"

"我必须按我现在的方式办！哪怕她天天给我差评，天天投诉我。你以为现在的孩子好对付？我不霸道点，在家里她爸把闺女宠得不成样子。我就这一个孩子，在我心里宝贝得不行，宝贝归宝贝，我不能放纵她'自由自在'。女孩子不是男孩子，她想什么我这个当娘的必须知道，万一她在外面做出什么事，我必须第一时间了解事情的真相。说一千道一万，就怕她上当、学坏。她现在还小，我不怕她恨我，总有一天，她会明白，这是对她负责，为她好。"

◎ 分析：孩子为什么拒绝父母走进他的心灵世界？

印度著名大诗人泰戈尔说：世界上最远的距离，不是生与死的距离，而是我站在你面前，你不知道我爱你。

用这句话形容现在的亲子关系太贴切了。

经常有朋友跟我咨询，为什么别人家的孩子什么都愿意和父母说，自己的孩子什么都不愿意说，或说了也是敷衍了事？

很多父母都遭遇孩子的"闭门羹"。

记得赵本山在小品《相亲》中有这样一个镜头，女人给他一封孩子的信，他要拆开看，女人说不能看，赵大叔说，我儿子的信，想看就看。他的话反映了多数为人父母的心态，孩子是自己的，他的所有一切都从属于自己，无论物质还是精神，一封信算什么！

父母与孩子的矛盾焦点是：孩子认为是秘密和隐私，父母看来是爱。

看法不同，做法就不同，这个不同导致父母与子女间烽烟四起，冲突不断。当然，成长环境不同，孩子的表现也不一样，面对父母的强势入侵，有的孩子会忍气吞声，有的孩子会据理力争，有的孩子会顶撞父母……

父母对孩子的爱没有原则，就是乱爱。爱过头了，就是侵犯。父母不这么认为，偷看孩子的日记信件，是想了解孩子心里想什么，在外面干了什么，其出发点是怕孩子学坏。但在做的过程中，往往方法不得当，或态度过于生硬，或过于居高临下，孩子认为父母不尊重他的人格，不把他当成"人"看！于是，就产生了这样一个怪圈：父母想看，孩子拒绝，孩子越是拒绝父母越是想看。

在这样一种情况下，孩子对父母的信任全无，当然会对父母守口如瓶。

我们是家长，管教孩子是我们的责任和义务，但也不能因为你是他的父母，是给他提供吃喝的"老板"，就不顾孩子的自尊和感受。哪怕孩子的做法已经触及你的底线，也要克制自己。责怪孩子毫无意义，每个人都有自己的心灵空间，我们的心灵世界可以随意让外人进入吗？不会！哪怕亲爱的伴侣也不愿意他们随便进入。

孩子也一样，他是一个有着独立人格，有着和我们一样喜怒哀乐的生命，我们渴求他人的尊重，孩子为什么不能？己所不欲，勿施于人。

父母应该明白的道理：让孩子拥有自己的小秘密

每个孩子心中的秘密都值得尊重。

孩子小的时候，事无巨细地跟你说这儿说那儿，长大了，他"封闭了心灵的大门"，不是孩子离你远了，而是一个长大的人都会拥有自己的独立空间，都会有自己的秘密，一个没有秘密的"透明人"永远也不会长大的，那就让孩子在该长大的时候长大。

父母的爱是要帮助孩子解决成长中的困惑、疑问、迷茫，而不是窥视、侦察他心灵的角落里到底长了什么东西。人的心灵就是一个世界，一个人进入另外一个人的心灵等于进入了一个完全不同的世界，好比我们越了国界，进入外国人的地盘一样，凭什么你随便出入？如果你不是他信任的人，不是他最好的朋友，他有权力关上大门，拒绝进入。

孩子小时候，走哪儿都牢牢地攥着你的手，害怕走丢了。孩子长大了，会一点点离开我们的视线范围，开始他们独自的人生旅程，我们无须跟在他的屁股后面气喘吁吁地追逐，站在原地守望即好。

孩子的脚步由蹒跚、跟跄，到甩开你的双手独立走路，再到奔跑，有一个过程。当孩子可以自己奔跑的时候也就意味着他会离开家门渐渐奔向属于他的远方。

有些路只能一个人走，我们无法陪伴。

正如台湾著名作家龙应台说：我慢慢地、慢慢地了解到，所谓父女母子一场，只不过意味着，你和他的缘分就是今生今世不断地在目送他的背影渐行渐远。

是的，父母只是扶孩子走路的人，但不是他的拐杖。当孩子可以自己走的时候我们就要撒手。

教育家陶行知先生说过："真教育是心心相印的活动，唯独从心里发出来的，才能打到心的深处。"我们的传统教育是父母养育孩子，孩子就得跟父母"一心一意"，不然的话，父母就认为他们养了一个里外不知的人。在这种传统文化的驱使下，很多父母在孩子面前表现得过于强硬，过于武断，导致孩子变对话为对抗。

要想孩子与你什么话都说，方法很简单。

第一，把孩子当成是自己最好的朋友，与孩子分享自己成长的小秘密、小困惑。把自己的心灵世界呈现给孩子，孩子才能毫无保留地把自己的心灵之门打开，热烈地欢迎你进来小坐、喝茶、聊天、指导。

第二，生活中遇到什么事，不妨听听孩子的意见，让他参与到你的生活中来。当孩子感觉到你对他的信任后，也会像你信任他一样信任你，他遇到什么解不开的小疙瘩自然向你求教。

第三，如果在某些事情上，与孩子的意见不一致，先要弯下身来，真诚地倾听一下孩子的意见，即使不同意，也要用宽容、友好、协商的态度。在这样一种环境下，孩子才能徐徐敞开心灵的大门。

第四，放弃对孩子心灵的控制、管束，让孩子有一点属于自己的"小秘密"，允许他有自己的"朋友圈"，这个小秘密如同阳光、雨露一样，会营养、润泽他干渴的身心。孩子的心灵空间，也就是他的精神世界，这个世界，虽然是无形的，但对孩子来说，就像天空之于鸟儿，海洋之于鱼儿，草原之于骏马一样重要，如果失去，孩子的发展就不完善。

我们要做的是帮助孩子怎么样把乌云变成春天的雨滴，怎么样让枯萎的小草重新焕发生命的活力，只有这样，他的小小心灵才有可能成为水草丰美的大草原，放牧辽阔的梦想和人生。

教育家苏霍姆林斯基曾经说过："教育者的使命，就是使孩子各方面得到和谐的发展。而这种和谐发展的前提是对每个学生个性的尊重。"这也就要求父母能够无条件地去尊重自己的孩子，像对待自己一样对待孩子。只有你真正地尊重他，理解他，他才会把自己心灵的大门向你敞开。

这是父母的必修课。

期待你说声对不起

◎ 案例：只能我教训你，不能你教训我

　　在传统教育下长大的父母，无法接受孩子对父母挑错，在他们看来，只有不孝的孩子才会跟父母顶嘴。我爸就是这样一个人，小时候，因为一件事想法不一样，若我据理力争，我爸就很不高兴。只能是我爸教训我，他说什么，我都得老老实实地接受他的教训。如果我们指出他哪里不对，我爸就会说："你长大了，翅膀硬了！"

　　我爸教育我们那一套就是大人说什么，小孩子必须听，不听就是大逆不道！只有他教训我们的份儿，我们不能说半个不字！长大后哥哥经常提起小时候挨揍的事，我爸眼一瞪："我打你不应该吗？打你一下你记住了，我对你的好怎么没记住？"

　　我妈在一边添油加醋："还是你不好，好还打你了？"

　　当然，别指望着我爸主动承认错误。久而久之，我们也就习惯了父亲的做法，谁让他是自家老子呢。

　　我爸还经常说一句话："我吃的盐比你吃的饭都多。"言下之意，我经历了大风大浪，什么事没见过，你一个孩子懂什么？我爸说这话时，估计也没想到有什么伤害，完全是出于做父亲的本能，他是一家之主，尊严不容孩子挑战。我们那地方有一个不

成文的习俗：要是谁家的孩子经常顶撞父母，就认为是不孝，会被外人笑话的。只有家风不好的人家才能养出这样的孩子。在这一种习俗文化的驱使下，父亲在孩子面前的高大形象就显得极为重要。

但问题是，孩子不反驳，不顶嘴，不等于认同父母的做法。

这个问题没有因为时代的车轮来到了 21 世纪，随着父母文化水平的提高而消失，它仍然是横亘在父母与子女间的矛盾焦点。

我有一个朋友的孩子读小学六年级，孩子做完假期作业，让爸爸检查，如果没有错误请他签字。孩子对爸爸说，他先检查，自己玩会儿妈妈的手机，等爸爸检查完了他就把手机给妈妈。爸爸检查作业时，发现错了两道题，问孩子怎么错了，孩子玩手机太投入没听见爸爸的话，爸爸当即火冒三丈，把书打到孩子的脸上。一边打一边斥责道："手机有什么好玩的？你就这样混吧，看你将来怎么活？"

孩子哇哇大哭，然后开始反击爸爸：

"第一，我没有混，一个月的假期作业，我三天做完，爸爸，请你告诉我，这是混吗？如果是混，有我这样勤奋的混吗？第二，爸爸你说手机有什么好玩的，我不过是在你检查作业时，小玩一会儿妈妈的手机，我没有迷恋手机，如果你这样说我，我倒要问问你，你每天下班回家就坐在沙发上头不抬地玩手机，我像你那样玩手机了吗？你每天回到家眼里除了吃饭，只有手机，你跟我交流过吗？你知道我每天在家读多少书吗？"

爸爸一听儿子给自己定了好几条罪，更来气了，随手拿起地上的拖鞋再次打到孩子身上。父子两个人吵成了一锅粥。

◎ 分析：父母为什么不愿意给孩子道歉？

每次我认为我爸做的事不对，我爸都会气得脸都红了！别说道歉，跟他犟几句嘴，已经让他做父亲的尊严不保。

估计天下有我爸这种想法的父母不在少数吧。

孩子小的时候，父母说什么是什么。孩子稍长大了一些，有了对社会、人生的初步认识，这些认识难免幼稚，与大人的思想有偏差，父母就会强行纠正。在纠正的过程中，孩子坚持认为父母是错的，父母认为自己才是对的，孩子必须听他的，如果父母不注意处理方式，就会与孩子产生隔阂。在这种情况下，责怪孩子没有任何意义。孩子是一棵每天都在成长的小树，大风吹来，你需要扶它一把；久不下雨，你需要给它雨水。

父母扶它一把，防止它长歪；给它久旱的甘霖，防止它枯死。

但你扶起来后不撒手，老是不停地浇水，就有些过了。父母也会犯错，人非圣贤，孰能无过？每个人都是在无数的过失中成长的，不然的话也就没有那句真理的诞生：失败是成功之母。有错误并不可怕，重要的是错误提醒我们自省、思考，"过则勿惮改"，避免老是犯下相同的错误。"知错能改，善莫大焉"，这是千百年来验证的真理。孔子说："过而不改，是谓过矣！"孔子用这句简短的话告诉天下人：有了过错不改，这才是真正的过错。

我们的父母教育孩子时，有多少是"过而不改"？

虽然现在的父母比我爸那代人更有文化，也懂得很多教育孩子的方法，但这个问题并没有随着时代的发展、文明的进步而消失。父母有错，孩子为什么不能指出来？这应如同孩子有错父母指出来一样自然、平常。

家庭是个小社会，成员简单，但一样可以折射出人际关系的现状。在家庭中，起主导作用的是父母，具有最高权威。孩子和老人一般都会听从他们的意见，尤其对于孩子，父母具有绝对的强势，父母认为，他是长辈，给孩子道歉有失家长的威严。有时父母意识到自己的行为错了，就算给孩子道歉，也是敷衍了事，就是怕孩子小看自己！

果真如此吗？

◎ 父母应该明白的道理：真诚道歉才会赢得孩子的尊重

孩子与成年人的区别之一是成年人必须为自己的行为后果负责，小孩子则不用。

父母是孩子的启蒙老师，也是孩子一生的领路人，饮食起居，朝夕相处，父母的一言一行、一举一动对孩子都有着重要的影响。

父母身体力行，孩子就会在父母的言谈举止中获得更多的思想辅导、心灵营养、精神铸造。

古希腊著名教育家、哲学家柏拉图说："一个人从小所受的教育把他往哪里引导，能决定他后来往哪里走。"这是古今中外人类的共同认识。也就是说，父母的言传身教是孩子终身的课堂。

民间有句谚语："上梁不正下梁歪。"

上梁是指父母，下梁是指孩子。

意思是说父母为人处世都不怎么样，这样的家庭教育下的孩子也好不到哪里去。好的父母都会主动严格要求自己给孩子树立一个良好的成长榜样。当今纷繁复杂的社会，给教育孩子提出了更为严峻的挑战，做父母的更要注重家庭建设和家风建设。

在道歉这个问题上，现在的父母的确比我们父母那一代有改进，但这并不意味着这个问题已经被消灭或者解决得很好。有些父母意识到自己错了的时候，也会给孩子道歉，但道歉的方式和态度就不是像指责孩子时那样"理直气壮"了，而是避重就轻，敷衍了事，怕说多了让孩子觉得自己没本事，让孩子觉得自己这点小事都不懂，还能干出什么大事。

父母无意中伤害了孩子，也要真诚道歉，不能一句对不起就了事。只有孩子感觉到你的真诚才会原谅你，你才会赢得他的尊重。我们老是责怪孩子做错了事还嘴硬，却不想父母做了错事也同样是"嘴硬"，不认为自己有什么错，用孩子的话说：为什么大人做什么总是对的，而我明明对了也是错的？

有人会说，现在的孩子很难管，你上有政策，他下有对策，真的不好"对付"。我承认，孩子之所以不好带，是因为他是人，而不是物，不好带，说明他有思想，有见解，说明他在不停地成长，这并不是一件坏事。一个特别好带的孩子，要么老实，要么自我管理能力极强。但多数孩子在他还是孩子的时候，并不具备一个成年人的自我管理能力，那就需要父母参与到管理他的日常生活中去。当然，孩子难"对付"、不好管的时候，父母也不要因此看不惯、忍不住。

冲动是魔鬼。

冲动之下说出的话、做出的事都是不理智的，等冷静下来后，父母发现对孩子的伤害不是一句对不起就可以弥补的。

当发现自己伤害了孩子，父母应该蹲下来，跟孩子心平气和地说一句：

"我错了，以后你可以监督我，当我乱发脾气时，你可以适时地提醒我，这样，我就会改掉乱发脾气的坏习惯……"

"这一次是妈妈误会了你，请你原谅妈妈……"

可以想象一下，孩子的内心该多么愉快呀。

我相信，孩子不但不会小看你，相反，他会因此而敬畏你。当你与孩子坦诚地谈论自己当时发脾气的心境，谈论自己的错误时，他会主动把你当成他人生最好的朋友，有什么事也会愿意和你交流，倾听你的意见。

每个人都不是圣人，都会犯错误。无论父母，还是孩子，都需要不断地学习，不停地在错误中修复自己，如此才能在潜移默化中培养孩子正直无私的品德，让孩子健康快乐地成长。

一棵小草与一片草原

◎ 案例：三个拳头和一本图画

小时候住在农村，生活条件不好，我经常感冒生病。条件好了以后，母亲恨不能将所有的美味给我吃，对我在物质上的宠爱根本没有原则。只要我喜欢的，她都想尽办法满足我。

有一次在姐姐家，姐姐看着几岁的儿子对我说："我要让我儿子把我没吃过的，没穿过的，都享受到。"

姐姐说这话时，我想起我们俩小时候想吃两毛钱一根的冰棍都是奢侈。所以，她有这种想法也不足为奇。母亲对我的爱，姐姐对孩子的爱，我现在对东哥的爱，都是一样的，尽可能给孩子最好的生活，我说的最好的生活通常是物质生活，这也是当下父母正在做的。

有了东哥以后，我也在思索，这种最好的生活是不是有营养过剩的嫌疑？以我对儿子东哥的观察，我发现，孩子对于吃什么穿什么根本不在意，他对物质没有概念，但是，他对于快乐是有感知的。

比如，他喜欢汽车，见到车就特别喜欢。

我尽量满足他的要求，所有车模已经买得差不多了。他喜欢坐公共汽车、地铁，特别喜欢看外面的世界，对外面的一切都很好奇，我也尽量满足他。我希望以此开阔他的眼界、认知，希望他的心灵尽早长成辽阔无边的草原，而不是满目枯黄，连一棵树也没有。

我也因此想起我的童年和少年时光。

想起母亲对我在物质上的宠爱，但她从来没有想过在我的成长中，补充我心灵所需要的钙质与滋养，没有问过我在学校过得是否快乐，没有想到一个好朋友对我的性格形成、心理健康有多重要，更不会想到一本喜欢的书对我的阅读与理想的深远影响……

上小学三年级时，我偶然看到一个男生有图画本，特别喜欢。男生的图画本很多，经常撕掉扔了，他的父母都是挣工资的人，家里有钱，扔了旧的还有新的。男生看出我喜欢他的图画本，对我说："给你可以，我要在你身上练三下拳击。"

不知道男生为什么提出这样的交换条件，我像做了一笔世界上独一无二的大生意一样，生怕对方变卦，痛快地扔过一个字："好！"

就这样，我挨了他重重的三拳，疼得眼泪都快掉下来了，但我忍住了。然后，我得到了渴望已久的从图画本上撕下来的三张纸。上面有图画，我照着上面的样子开始涂鸦，那是我在美术上的最初启蒙。从此以后，我渐渐知道了《蒙娜丽莎》，知道了梵高，知道了吴冠中的水彩画、张大千的经世之作。那些画作，给了我无限美好的联想。

初中时，我得到一本叶永烈写的科幻童书《小灵通漫游未来》，读了好多遍，还想读，每次读，都想象未来是什么样子，宇宙的神奇激发了我贫乏的想象力。画画、看书对于一个少年心灵的滋养是无声的，就像春风之于冰雪，看不见，摸不着，但不知不觉间把冰雪变成了清澈的河水。也许，一张画作、一本书不会让孩子成为画家、作家，但对于孩子心灵的滋养则是无穷无尽的。看一本美好的画册，孩子的身心就多一次此行不虚的美好；读一本好书，犹如进入一个奇妙的世界……

◎ 分析：父母为什么重视孩子的吃喝而忽视心灵的营养？

现在的孩子并不缺少物质供给，吃喝用度都是最好的，甚至每餐要按营养元素搭配。但是，父母很少像重视孩子的吃喝那样重视孩子的心灵成长。如果孩子吃得稍差一点，父母会为这件事自责；孩子少读一本想读的书，失去一个不该失去的伙伴，想去看大自然没有实现，孩子想对父母说一些悄悄话，被父母拒绝了等，这些事父母永远不会自责，并认为自己的拒绝合情合理：

"我是答应你了，但你看我有时间吗？"

"我答应你就得兑现，你怎么不问你自己，答应我考试要得第一，你考第一了吗？"

……

有的家长经常这样指责孩子：

"不缺你吃，不缺你穿，要啥有啥，还不知足，非要上网跟那些不三不四的人聊天，我看你就是缺心眼！"

朋友的小孩想去影院看电影，她妈妈不让她去，还生气地对她说："那个破电影有什么好看的，一张票一百多，两个人就二百多，还不如给你买吃的了。"

重物质，轻精神。

现在有很多年轻父母为了生活不得不把年幼的孩子扔在老家独自去远方的城市打工、谋生，孩子一年到头见不到父母，我们称之为留守儿童。除了父母不在身边的留守儿童，现在还出现了另外一种孤儿——孩子情感孤寂，心灵空虚，精神没有寄托，这样的孩子被教育家称为心灵孤儿，也有人称为隐性孤儿。

心灵孤儿的出现不是偶然现象，无论在乡村还是城市，这种现象随处可见，已成为一个庞大的群体，并且这个群体正以非常快的速度扩散着。留守儿童多是因为生在边远乡村，家里经济条件不好，父母为了谋生不得不把年幼的孩子放在老家由老人照看。讽刺的是，心灵孤儿与留守儿童正相反，多是出现在富有之家。

为什么会出现这种现象？出现了这种现象为什么没有得到父母的重视？一句话：都是功利教育惹的祸，都是分数惹的祸。

一位朋友把刚上初中的孩子送到私立学校，孩子每天的作业写到晚上 11 点多，仍然写不完。朋友告诉我，写不完就要挨老师的批评，老师眼里除了分数什么也没有，尤其是他们私立学校，学生的分数与老师的业绩挂钩，如果学生考不好，老师就可能会失业。孩子每天的生活都被作业包围了，他没有空闲时间与小朋友玩，没有空闲时间读自己喜欢的书，没有空闲时间与大自然亲密接触，甚至连睡到自然醒都是奢侈。

如此情况下，孩子的心灵还能得到什么营养，还能有什么情趣，还能开出什么鲜艳的花朵？不用剥开孩子的心田细看就知道，这种情况与失去水分的土壤没啥区别，就算有绿，也是稀稀拉拉地长着几棵枯黄的小草，与碧绿的草原相差甚远，如果不及时治理，用不了多久，就会完全沦为荒漠。

当一个人无法拥有广阔的心灵世界时，他未来的人生也不会辽阔到哪里去。

毫不夸张地说，现在有很多生活在富有家庭的孩子都是心灵孤儿。孩子一旦成为这样的孤儿，比没有父母陪伴的留守儿童更可怕，没有父母陪伴的孩子在物质上不富有，这样的孩子一般都会与同伴友好相处，会把朋友当亲人对待，因为他没有亲人，只能从友情中感知亲情的美好。一个物质富有的孩子成为心灵孤儿以后，他没有情趣，没有同伴，缺少快乐的源泉，友谊也少得可怜，孩子心灵难免陷入孤独的状态，久了性格就会越来越差，有的干脆很难与人相处。为什么我们现在的社会中极端事件总是频繁发生？有多少父母关注过孩子的内心需要什么？有多少父母为孩子没有看到一幅喜欢的画而自责？有多少父母为孩子没有参加一次同学聚会而检讨一下自己的失职？

做父母的，总想让孩子吃得好一些，穿得好一些，至于孩子心里真正想什么，需要什么样的朋友和友情，需要什么样的精神营养，都无关紧要。比如说，孩子要跟谁去玩，父母立马会问：

"他学习好吗？"

"他父母是干什么的？"

而不是问：

"你和他在一起玩得快乐吗？"

"他愿意和你在一起玩吗？"

连玩伴也要那么多条件，受到种种限制。有位叫童童的小朋友，他爸爸是局长，他要是跟打工子女玩，跟普通孩子玩，他妈妈就会斥责他没品位。班里有位环卫工的女儿，不但漂亮、聪明、学习超棒，而且作文经常在报纸上发表，演讲在全省得过第一，各方面都很优秀。童童喜欢与她在一起,私下里跟老师讲,想与她坐同桌。因为他喜欢写作文,欣赏她的才华,两个人也能说得来。

老师给童童换了座位,不久,他妈妈知道了此事,把童童教训了一顿,还找到他的班主任,坚决不同意换座位,理由是那个女孩再优秀也是环卫工的女儿。她怕儿子一不小心喜欢上这个女孩子。母子两个人的战争持续了一个月,童童只好妥协,回到原来的座位上。

说现在的孩子比较可怜,并不是危言耸听。他们没有自己的朋友,也没有选择朋友的权力,不能随心所欲读一本自己喜欢的书,不能随时随地亲近大自然,所有时间都被模拟习题给占用了,这样一来,孩子难免成为心灵孤儿。

◎ 父母应该明白的道理:不要让你的孩子成为心灵孤儿

每天放学后,先问问你的孩子:

今天在学校过得快乐吗?幸福吗?孤单吗?

发生了哪些有趣的事情?

不要开口就是:你怎么又玩手机了?你怎么又去看电视了?

不要开口就是:考试考得怎么样?作业做完了吗?

不要开口就是:中考倒退了十名还有脸出去玩?

不要开口就是:你看看人家谁谁!

……

也许你会理直气壮地说,我是他妈,当然关注他的身心健康。他有妈妈,怎么可能成为心灵孤儿?事实上,不管你承不承认,很多孩子都是在父母这样的"关心呵护"下,不知不觉地沦为心灵孤儿。

父母对孩子分数的关注已经"登峰造极"，在物质需要上也毫不吝啬。在这场名利大战中，父母早已经遗忘了孩子心灵缺少什么，需要什么。

一个人的成长分为两部分。一部分是看得见的，外在的，即身体的成长。另一部分是看不见的，即心灵的成长。

身体的成长是肉体自然的成长，只要不生病，都会长得完好。心灵的成长不是这样，它需要适时营造"情境"，才有更丰盈的"田野"。一个个体生命在身体发育完全以后基本停止了生长，而心灵的成长伴随着长长的一生。

心灵孤儿在他还是孩子的时候，心灵已经停止了成长，即使有，也是负面的。就像一棵刚发芽的小草没有了阳光雨露的润泽，这样即便再使出吃奶的力气往外生长，它能长出什么葱茏的模样来？

当一个孩子沦为心灵孤儿以后，他的心理是别扭的、扭曲的。心灵的成长是内在的，一个人，只有身体的成长，而没有心灵的成长，他最终不能成为一个品质全面的人。如今，在紧张的学习环境里，让孩子拥有健康的心灵已经成为紧迫的事情。

没有健康的身体要问医、吃药，花掉很多钱，承受肉体的痛苦与创伤，让父母感觉到生活的悲苦与无望。没有健康心灵的孩子也会痛苦，扭曲的心理使他很难融入到社会大环境中，然而对于那些性格过于内向、脾气过于急躁的孩子，父母从来都觉得是天生的，总以为大了就好了，忽视孩子的性格与情感缺陷。孩子感个冒兴师动众，用最好的药，买最好的补品，而面对孩子心灵与精神的缺失，父母却从未引起注意。

你像担心孩子感冒那样担心过他的心灵会生病，发烧吗？

你像重视孩子得了重病一样给过他心灵的呵护和关注吗？

我倒是觉得，感冒是身体的自身调节，就像天会刮风下雨一样。风过，雨停，自然阳光灿烂，感冒大可不必用最好的药品，最好的办法是让孩子多参加一些户外跑步类的体能锻炼，多与同伴一起踢球等，感冒自然会减少甚至消失。

如果孩子情绪不高，请像好朋友一样与他交流一下，问问孩子为什么不快乐。

如果孩子与同学间有小摩擦，鼓励他真诚勇敢地与同学沟通。

带孩子去听一次音乐会，陶冶一下情操，别说这会让孩子浮躁，别说门票太贵。带孩子去野餐或郊游，同时也请上他的好同学、好朋友，别说你没时间，也别说那个孩子学习不好，这个孩子是借读生。带孩子去踢足球，别说这会影响他的学习，身体的活力会带来精神的活力，精神的活力会让学习的兴趣高涨。带孩子去看一次画展，别说他不喜欢。把孩子的同学当成你的好朋友，别说他爸是环卫工人，只要孩子愿意、喜欢……

做到这些很难吗？

其实不难，难的是我们父母在没有做这些小事以前，就已经主观地认定，这会影响孩子成绩，所以一切取消。

在我看来，孩子少吃一点美味并不会影响他的健康，但是，一个被集体排挤在外的孩子，一个孤独的孩子，一个无助的孩子，不但不利于他的成长，还会在他的心里随时种下仇恨的种子，使他从此封闭自己的心灵，离群索居，长大后性格偏激，参加工作以后很难与人相处。我去过一些少年管教所，看到那些因为心灵营养极度缺失而犯罪的孩子，为他们感到痛心。如果当时父母能主动关注一下孩子的心灵，他们也不会做出触犯法律的事情。

怒放的花朵让孩子感受大自然的美好，春风让孩子感受孕育万物的神奇，友谊让孩子体会人与人之间的温暖。父母要让孩子多看一眼芳香的花朵，多留意一下季节的变化，让孩子多多感受与人交往的情谊。

事实上，孩子多一个好朋友，不是认识一个人，而是生活向他打开一扇心灵的窗口，多了一份父母无法给予的快乐。孩子多看一本自己喜欢的书，他是随着文字进入另外一个自己未曾到过的地方、未曾去过的世界，那是一场无人陪伴的非常快乐的精神远行。父母往往认为，这些书没用，都是闲书，与考大学没有关系，所以不能看，却忘了"闲书"里面的思想，对开阔孩子的眼界，提高对事物的认知能力、判断是非能力所起到的无穷作用。

心灵健康的孩子，他带给世界美好的同时，也会拥有和谐的人际关系。

困难时，不会颓废；挫折时，不会心灰意冷，他会用积极乐观的精神，走出人生的迷雾。

一个心灵健康的孩子，哪怕身残，他仍旧是阳光的，对未来充满希望。

我没有你想象得那样差

◎ 案例：我可以像他们一样棒！

有一年，我在一所学校代课，也算是体验生活。

一个叫周哲的学生，父母在这个城市打工。他是借读生，人很调皮，在学校不怎么守规矩，学习成绩都是最后几名，因为一些小毛病没少挨批评。孩子一度逃学，周哲的母亲担心他学坏，无论如何，她要孩子不能离开学校。他母亲找到我，希望我能帮他一把。交谈的时候她泪流满面，恨不能自己立马变成孙悟空，陪在孩子身边。说真的，自己没有孩子时对于孩子的事没有这么多"感觉"，有了东哥以后，见不得孩子受委屈，有时去边远山区采访，看到一些孩子仍旧生活在贫困之中，常会感觉自己是如此无助、渺小和卑微，因为没有更多能力帮助他们改变现状。

周哲的母亲找到我后，我开始跟各科老师了解周哲的情况。

原来孩子所谓的错误不过是上课有些小动作，老师在课堂上批评过几次，找他妈妈谈过话。周哲母亲为此把他一顿痛打，从此以后，周哲的成绩下滑得很厉害。我觉得周哲还小，他的人生不可以这样被我们简单地否定，不管他犯了什么错误，都是孩子式的错，只要不是什么原则上的问题都可以原谅，何况这些错也不是什么不得了的事，应以包容的态度看待孩子的错误，主动牵起孩子的手，带他一起温暖前行。

最初的时候，我与周哲谈心，他拒绝，避而不见。

我仍然坚持认为他不是真心要与我作对，而是他每天得到的批评太多了，不敢与我面对面交流。这种情况没持续多久，周哲突然主动坐在教室的最后一排，安静地听我的课，我提问时，最先提问他，如果遇到他答不上来的，我就主动启发他……

渐渐地，我发现，他不迟到了，不早退了，也不捣乱了，上课时精神饱满，面带笑容。遇到我的提问，踊跃发言。这期间，我一直没有找他交流。大概过了两个月，周哲主动找到我，问我为什么不找他谈心。

我笑着问他："谈什么？"

他说："我没您想象得那么差，以前老师只提问学习好的学生，从不提问我，如果其他老师早像您一样给我机会，我会比他们棒！"

"其实，你一直都很棒！只是以前你不太爱表现自己，我想知道为什么？"

"老师，您最懂我！是您的鼓励让我重拾信心与勇气，您从不当着同学的面激烈地批评我，让我难堪。课堂上，遇到问题您每一次都会叫我站起来回答，虽然开始我有些害怕自己回答不好，但是，几次以后，我发现，我可以做得与别人一样好，甚至比他们更好。老师，每当您最先提问我时，我发现，同学们都用羡慕的眼神看着我，我觉得自己一点儿也不比他们差，所以，我就不迟到早退了，而且很盼着上您的课。如果其他老师也能像您一样对我该有多好！"

"你对自己很有信心？"

"那当然。"

"好，我相信，你可以做得更好、更优秀，你本来就是个很棒的孩子，只是你没有发现自己的优点，现在，你发现自己不比别人差，那就好好努力，别的老师也会发现你原来是这样优秀的男生，他们也会非常喜欢你，请你相信自己！"

看着阳光与自信重新回到周哲的脸上，我知道，周哲已经走出了"不行"的阴影。

◎ 分析：最差与最好不过是 A 面与 B 面的距离

同一个孩子，为什么他的变化具有如此强烈的反差？

我细细地分析了周哲的遭遇，不外乎以下几个原因。

他从农村转学过来，第一次来到大城市，一切都是陌生的。环境的变化对一个未成年孩子的影响是巨大的，他无法把控外界生存环境变化对自己心情的改变，无法快乐地融入新环境里。加之犯了错误，老师当着同学的面批评他，让他的自尊心大受伤害，无法自信地面对自己和同学，生出自卑与压抑心理，与同学、老师交流的机会减少，渐渐地，被集体排挤在外。

在这种环境下生活学习的周哲当然不会快乐，一个不快乐的孩子怎么有好心情读书学习？此时，他就像一棵远离了阳光的小草，如果不及时给予阳光雨露，很快就会枯萎，在最好的年华里失去生命的成长活力。

如同买来多日的水果，刚开始只是有一个小黑点，随着时间的推移，黑点慢慢地变大，直至产生质变，真正溃烂、变坏。

这个质变在周哲身上就是破罐破摔、自暴自弃。

我在想，如果你的孩子也遇到了周哲一样的境遇，如果老师对孩子否定太多，我们是否应该巧妙地将那些否定的话转变为可以促进孩子进步的积极话语？

答案自然是应该。你看，现在的周哲每天和同学们一起跑步、出操，球场上生龙活虎，课堂上讨论问题认真严肃，与同学们出游时阳光灿烂，经常热心帮助有困难的同学，哪是一个问题学生！

孩子出现问题，多半是教育出了问题。

父母应该从外部环境以及家庭教育入手，总结原因，及时把孩子从人生的雾霾里救出来。

○ 父母应该明白的道理：让孩子有"我很棒"的感觉

哈佛大学有位校长曾在一次毕业典礼上讲过一段发人深省的话，他对台上领奖的学生说："你们不用太骄傲，因为你们都要回学校当教授，向学校领钱。"然后，他又对坐在台下没有领奖的学生说："以后哈佛的发展，都要靠你们的捐献。"

教育的目的是扬长避短，发现每个人的最大优势。

用世俗的标准去评判孩子的好坏，估计十有八九，没有一个合格的"产品"。合格产品不是生出来就什么都达标，而是在后天的教育培养中养成的。那就把心放宽一点，把自己当成是孩子，以孩子的身份去倾听孩子的心声，接纳孩子的全部。如果孩子没做好一件事，不尽如人意，也没必要劈头盖脸地指责孩子这也不是，那也不是，这只会让孩子无所适从。父母的本意应是让孩子正视自己的不足，日后加以改进。但孩子可能会认为，自己在父母眼中哪点儿都不如别人好，这样一来，孩子自然生出自卑的感觉。

孩子经常犯这样那样的小错误都是常事。

我们做父母的要与孩子共同成长，找出问题所在，帮助孩子在细微之处发现自己的长处，通过一件细小的事表扬他，以给他做人的自豪感，从而树立他的自信心。在这样一种环境下，孩子的内心就会得到很多积极因子的滋养，做什么都有冲劲和干劲，尤其希望自己像别的同学一样优秀。

任何事情只要找对了方法，都会迎刃而解。

教育孩子也是同理。父母对孩子最好的爱是让孩子有"成功"的感觉，即使哪里做得不够好，加以引导，慢慢来，不能急于求成，每天小步前行，没过几天，小步就会变成大步，最后大步变成自由地奔跑。让孩子在肯定中查找不足，当孩子有了"我也能行"的感觉，才能逆水扬帆，浪里击花。由消积变积极，由对抗变合作，由萎靡变得阳光，由冷漠变得乐于助人。

一个孩子如同刚发好的面，蒸成馒头圆润光滑，包成包子浑身是褶皱，做成比萨就是一个饼。

孩子的可塑性很强，在他人生的关键时期，你把他捏成饼就是饼，蒸成馒头就是馒头。不要在孩子表现不尽如人意的时候，对他进行全面否定。

每个人都有自己的长项和短项。

当孩子表现不尽如人意时，多看他的长处。人的成长不可能一帆风顺，孩子的成长也一样，必定要经历痛苦和泪水、波折和意外。这样的痛苦、泪水、波折、意外，不管你是否承认，它都会在孩子经过的某一处路口出现。也只有这样的成长，才是一个人全面的成长。

你烦我，我也烦你

◎ 案例：我妈真烦人

有一部电视剧叫《青春期撞上更年期》，讲述处在"青春期"的孩子与父母在生活中不断发生思想交锋、生活理念冲突的事。孩子要这样做，父母认为不可取，立马横加干涉，孩子就会发出质疑：

这样有什么不好吗？

我错了吗？

你干吗这样跟我大呼小叫？

你懂我吗？

……

父母那套"老子做派"在孩子的眼中基本没什么"王法"，你说你的，他做他的。身为父母，心理极不平衡，就会抱怨，现在的孩子不好管，也不听你管，说轻了，他当耳旁风，说多了，嫌你唠叨。你想知道他在干什么，基本不会如实告诉你，虽然同在一个屋檐下，是亲爹亲妈，但除了吃喝用之外，不会与你发生口舌之事，多说一句话都嫌多余，与陌生人没什么两样。

有一次去野外郊游，我坐在台阶上，无意中听到坐在旁边的三个女生讲各自的妈妈如何：

"我妈真烦人，一天到晚什么都要管，你说真话她不相信，那我就说假话骗她。"一脸白净的女孩子对身边的伙伴说。

"我妈还不如你妈呢，上周我想买衣服，她非要跟着去，结果逛了一天的街，打了一天的架，她喜欢的我不喜欢，我喜欢的她看不上。我跟她一句话不想说，见到她就烦，简直就是出土文物。"瘦高个的女生咬牙切齿地说。

"你们的妈那叫爱你们，我妈呢？对我简直是摧残式教育！她打我，但从不打我脸，每次都是笑嘻嘻地走过来，趁你不注意，拧你的胳膊或者大腿，每次都拧得青一块紫一块的！夏天我都不敢穿裙子！"

◎ 分析：为什么每个孩子都认为他有一个烦人的妈？

孩子给父母的差评完全出乎父母们的意料。

有孩子妈说：我早就知道，他背地里给我起"恐龙"的外号，但我管不了那么多，我必须让他按我说的做，不然有他后悔那天！

有孩子妈说：孩子夸大事实，不就是不同意她买那件暴露的衣服吗，不就是说几句她不如别人的话吗，那不都是为她好吗？

也有孩子妈说：管我是什么形象，孩子安全"着陆"才是硬道理。他烦我也得管，谁让我是他妈呢？我相信，等他长大有了孩子以后，也会像我一样教育他的孩子，我们人类不就是这样一辈一辈过来的吗？孩子没有规矩，长大了那还了得！

……

成成是小学六年级学生，他告诉我，他特别讨厌他妈妈。我问他妈妈为什么招他烦，他说："我妈天天叨叨的那些话都是从她自己的角度考虑的，而我们身处的环境和条件都不是她成长的时代，一切都变了，这种教育方法跟刻舟求剑有什么区别？我妈是个急性子，她说一句话，我立马就得言听计从，提出一个目标立马就要达到。不然的话，她就整天叨叨起来没完没了，好像世界末日来了一样。明明我可以达到她的目标，她天天这样烦人，我哪有心情学习？跟她说，她也不听，依旧我行我素。她指责我不听话，问问她，我说的话，她听过没有？干吗只能她要求我听话？我就不能对她提出一点儿意见？我知道她管我是为我好，但不能因为为我好就烦起人来没完没了吧！就说上次我踢球这件事，下午放学早，我跟同学去操场踢球去了，晚回来了一个小时，她把电话打到我班主任那里去了，我在操场上踢球，哪听得到电话？就这一件事，每天都上纲上线批我，耳朵都快让她给批聋了。"

孩子的心理、思想、情感都不稳定，不完全成熟，情绪化比较严重，经常容易受到外界环境的影响。有时为一件好事大喜，有时为一点儿小事悲观得不得了，大有"感时花溅泪，恨别鸟惊心"之意。喜欢浮想联翩，容易见异思迁，今天可能喜欢这个，爱不释手，明天可能就不喜欢了。在父母看来，不可思议！而这正是这个年龄段独有的特点。

父母对孩子的付出不计代价，是要什么有什么，但在心灵方面还很欠缺。父母从不以朋友的身份跟孩子说话，但会命令孩子无条件服从；从不会像知己那样倾听孩子的困惑、苦闷，但会斥责孩子这也不听话，那也不懂事。如此一来，孩子的心与父母越来越远。有些父母，怕孩子在外面学坏，不许他和同学出去玩；怕孩子看"闲书"影响学习，就给孩子买很多"课外辅导"书，让孩子整天在题海中，累得无法喘息……当孩子作为一个独立人的人权和自由被剥夺的时候，基本上就没有了快乐。一味地动用父母的权威，孩子自然不会跟你讲真话，可能还会与你成为势不两立的"仇人"。这种情况下，不难想象，为什么每个孩子都认为他有个最烦人的妈了。

◎ 父母应该明白的道理：你不让孩子烦，孩子才不让你烦

孩子越来越像个"小大人"，一心向往"独立"，觉得自己懂了很多，与父母在思想认同、价值体系、世界观等方面都有着不同的见解，喜欢特立独行，急于脱离父母的管束。但在家庭生活中，父母是绝对的权威，无论自己怎么"强大"都不能完全独立于父母之外。而另外一面，在父母眼中，无论他怎么样"成熟、稳重"，都是孩子，就算偶尔比较"大人"，父母也不会"放任"他自由，为了对他以后的人生负责，给他一个灿烂前程，自然会有各种各样的规矩来"要求"和"束缚"。

父母不知不觉间的"指手画脚"，让孩子渴望认同的感觉被否定。下次他学精了，你不是高高在上有权决定一切吗，但孩子有想法也不跟你说了，把你拒之心灵门外，转而与同学朋友在一起，有共鸣，有同感，相互理解，很快成为亲密朋友，父母基本上是个一问三不知的"外人"。

孩子与我们成年人一样，有了喜悦需要分享，有了痛苦需要安慰，有了烦恼需要倾诉……

想让孩子不烦你，首先不能招孩子烦。

生活中，父母与孩子为一些琐事各持己见是常有的事，这个

时候，你跟孩子一犟到底没有任何意义，只会激起孩子的逆反心理，让他烦不胜烦，所以父母要学会"妥协"。

我说的妥协，不是就此放任、不闻不问，而是指不能当即与孩子理论谁是谁非。既然条条大路通罗马，此路不通，我们只能另行选择，再急的事也要缓处理、慢处理，过急就是过激。要让孩子感觉到你的管就像"不管"一样，你的批评就像朋友的良言一样，你的劝诫就像春风拂面一样。

总有一种办法能让孩子愉快地接受。

首先，把自己变成"另外一个他"，与孩子一起成长。从他的角度、位置看世界，看人生，从他的角度想问题，很多你不理解的事也就理解了。约束孩子的某些行为无可厚非，但事实是，管束不如约束，约束不如一起成长。从单纯关心孩子的吃喝用，紧盯分数，要求考名校，到成为朋友、知己，分享他每一次成功的快乐，也分担他每一次微小的痛苦，迷茫时引领他前进，方向错了及时调整人生的航向，时时刻刻与他的心在一起，只有这样，你才能从那个烦人的妈变成孩子眼中的良师益友。

其次，给孩子畅所欲言的机会，不要没等孩子说完话就粗暴地打断孩子。

只有当他感受到你的爱有春风拂面的感觉时，让他的心灵感到久违的相知与放松时，他才会把自己真实的想法向你倾诉。当他向你倾诉时，问题就解决了一半。

最后，友好地接纳孩子身心、情感的变化。这个年龄的孩子情绪化比较严重，当他为一次考试没有考好而沮丧时，当他遭到同学的误解时，当他为失去一段友情而不开心时，要让孩子感觉到你既是他的父母，又是他最值得信任的朋友。

为什么有的孩子认为父母像"牛鬼蛇神"一样恐怖？不是他们从心底里刻意丑化父母的形象，而是在呼唤父母变得更好。

孩子需要父母的信任，不是怀疑！

需要父母的友好，不是审问！

需要父母的引导，不是强制！

需要父母的关注，不是侦察！

需要父母的扶持，不是指责！

需要父母开放自由的爱，不是让他们窒息的管束！

第四章
如何化解父母与孩子之间的矛盾

父母不该对孩子说出的十四句话

父母总是怪孩子，你对他说过的话跟没说一个样儿，就是耳旁风。

孩子也有自己的理由，不是自己不听话，是父母说出的话没法听，所以，你说你的，我做我的。父母实在没办法，只能放"狠话"，让他长点儿记性。

"放狠话"是希望孩子变好，却不知不觉伤了孩子稚嫩的感情。拳头伤的是孩子的肉体，语言暴力伤害的是孩子的心。伤到肉体，几副良药便可医治。心灵的伤害，却是永久的，甚至影响孩子的一生。

一个孩子，就像一粒种子，在他成长的过程中，离不开阳光、水分、土壤、温度等。如果其中的某一项缺失，他也能够发芽，也能够长出地面，也能够长高，但在成长过程中，他的肌体会畸形，他的思想会变质，出现这样那样令人无法满意的地方。

这样说不是意味着不能批评孩子，批评是一门艺术，要讲技巧，让孩子愉快地接受，如果不能接受，你等于白说，甚至有害。

下面这十四句带有暴力性质的话，最伤孩子的心。

1. 你怎么跟猪一样，就知道吃！

2. 你脑子里进水了？

3. 你怎么一点儿脸不要？

4. 你就是欠揍！

5. 你看看人家谁谁，啥都比你强！

6. 你连扫大街的也不如！

7. 世界上没有比你再笨的人了！

8. 怎么生你这样一个不争气的东西？

9. 你天生就能撒谎。

10. 你真让我丢脸！

11. 你弱智呀？

12. 你神经病啊？

13. 我看你是无可救药了！

14. 以后别管我叫妈，你不是我生的。

为什么孩子总是与你对着干

◎ 案例：想去少林寺的男生

有一年冬天的某天，一位母亲找到我，她的孩子已经上高一，痴迷少林寺，连课也不想上。她愁得不行，所有的方法都用尽了，甚至软禁。但孩子出逃，离家出走，几经周折，才把他找回来，让我给她出点主意。

说真的，这个主意不太好出，因为孩子就想去少林寺，想成为甄子丹、成龙那样的功夫巨星，谁说都没用。

我对这位母亲说："那就让他去。"

她瞪着眼睛看着我，很生气地说："那他的前途不就完了？"

"你现在把他关在教室里，他听老师讲吗？他学吗？"我坚持。

"那也不能由着他的性子呀。"这位母亲说完，气冲冲地走了。我知道，她对我的主意很不满意，这件事很快就过去了。

一年以后，她突然跑来对我说："我儿子回来了，现在学习非常好。"

我一愣，很快在记忆中搜索眼前这个人，原来，她被我气走以后，回家跟老公也为这个问题争吵。但事实上的确如我说的那样，孩子死活不学习，与其这样，的确不如把他送到少林寺去。孩子欢天喜地地去了，结果，不到半年，他接受不了青灯黄卷的苦，自己主动跑了回来，这结果正中他妈妈的心意，这下好了，不用管他就知道好好学了。

"要是不让他去，孩子不知道变成了什么样！"

这次她不是气，而是来感谢我呢。

虽然走了一段弯路，但孩子终究因"这一段自己"而"回头是岸"。

❀ 分析：孩子为什么要与父母对着干？

不要说儿大不由娘，想想，为娘的又几时由过儿？

每个人都要努力向前，哪怕这个前进的方向是一条弯路。但有时不走这个弯路，就无法超越自己，为娘的不由儿大抵是怕儿子走弯路。

没有弯路的路是路吗？那叫直线。

没有风雨的天空是天空吗？那是温室。

人生也一样，痛并快乐着。

父母只要孩子"快乐着"，不要痛，只要他们认为是痛，一定加以阻止。从不尊重孩子哪怕一个微小的愿望，却要孩子无条件地服从自己，自己生的孩子就可以用霸王条款约束。

一个孩子在文章里写道：我有一个超级霸王老妈，小到生活起居，大到做人做事，全都是她一个人说了算。啥事都要经过她允许，我就不能有一点儿自己的想法主意，每天放学回家，她刚要张口我就知道她要说啥……有时候我心情不好，她还在说，我就特别生气，跟她对着干，她说东我非要说西，我不知道我妈是爱我还是害我？如果她爱我，希望我有出息，请她放手……

就像这个去少林寺的孩子，如果你死活不让他去，结果他不是离家出走了吗？在这种情况下，你仍然严加看管，会有效吗？孩子纠结，你痛苦，两个人都没有好心情，谈不到一块儿去，也没法谈，日子弄得鸡飞狗跳。既然孩子坚持自己的想法，那就成全他这个心愿。有人会说，不是你的孩子，你这是站着说话不腰疼。实话讲，如果是我的孩子，我会干脆地让他去少林寺，虽然我知道会耽误他的学习。不许他去，他会离家出走，最重要的是他不会安心去学校读书，一样荒废学业，还不如让他去了。就像2010年从北大出家的高才生柳智宇，美国名牌大学全额奖学金都没有让他回心转意，再多的光环都没有阻止他出家成为僧人，还有当年红极一时的歌手李娜也削发为尼。我相信，在他们执意要去过青灯黄卷的生活时，有很多亲朋好友都使出吃奶的力气往回拉他们，他们回头了吗？孩子一时心血来潮，你不让的事他非得做，所以，你"任由"他去，或者他找到了真我，或者就像这个去少林寺的孩子一样，让他自己撞得头破血流，这比你磨破嘴皮子管用。

心理学上有个现象叫超限效应，指的就是唠叨太多，管束太多，引起孩子反感，最后你说什么他都不会听，跟你对着干！超限效应与大货车超载没啥区别，开始车体不会怎么样，跑了一段路就会发现，车体吱嘎响，时不常地来一次罢工，不是发动机坏了就是轮胎爆了，今天修理轴承，明天刹车失灵……问题越来越多，没过多久，接近报废。

车如此，孩子也如此。

你已经发现孩子十分抵触了，还在强硬执行你的意见，结果是除了自己安慰自己，毫无效果，孩子还有可能"揭竿而起"。

也有父母认为，他是一个小孩子，即使承认他有想法，但他的想法天真、不靠谱，不能按照他想的那样来，否则会毁了他的一生，不听我的就是不行！

假若公司老板整天挑你的毛病，让你不开心，接下来你会想方设法跳槽，离开公司。若好朋友经常居高临下地对待自己，用不了多久，两个人的友情就会逐渐疏离，从熟悉走向陌生。

把这种情况放置在孩子身上，想没想过，孩子会怎么样？

有的孩子会离家出走，多数孩子不会，但会与你对着干，试图挣脱枷锁，一对生活在一个屋檐下的冤家父子就这样形成了。

◎ 父母应该明白的道理：给孩子建议，而不是替他决定

尊重孩子的价值取向就是尊重孩子的个性发展。不要你不看好就随意改变孩子的价值取向。

望子成龙事实上讲的就是培养孩子使其价值最大化。最好的教育是什么？是使孩子成"龙"，没有第二个人可以超越。龙是什么？是王者，是最好的自己。

如何让孩子成龙呢？

只有尊重孩子的个性发展他才能在今后的发展中成为龙——最好的自己。虽然今天的孩子比以往任何一个时代的人都幸福，要什么有什么，但今天的孩子也是最辛苦和最痛苦的。因为他们理想中的那个自己，想成为的那个人早已经被父母一巴掌拍死了。

父母替孩子决定现在以及未来，而不是给他建议。

　　大到考什么学校，读什么书，喜欢什么专业，小到穿什么，吃什么，怎么想，总之一切都是父母的事，与自己无关，父母根本不给孩子自由发展的权力。如果有一天，孩子没有像父母期望得那样发展，父母也会说：我们尽力了！似乎孩子有此结局，与他们无关。

　　在我看来，这是父母在推卸教育失当的责任。真应该好好反思一下自己是尽力了，还是尽力太多了呢？

　　养育孩子，不仅是让他身体健康，更重要的是尊重孩子生命的唯一性和独特性，帮助孩子成为最好的自己。他想成为科学家，你非得说当官才有出息；他想探索生命起源，成为一名生物学家，你强迫他当个大学讲师，他既不快乐，也不会成为最好的自己，更不会有所谓的成功。

　　一个孩子从小到大习惯了父母支配或父母替他安排一切，有两种情况：一种是父母的思想非常开放，让孩子心悦诚服，并把他当成不老的偶像；另外一种是孩子无法主宰自己。前一种情况有，比例不是特别大；后一种情况占大多数。孩子无法主宰自己，而一个连自己都无法主宰的孩子，别指望他长大了有什么担当。一个没有担当，对未来和人生都没有规划的人，你能指望这样一个人做什么呢？

　　我们是孩子的父母，不是孩子本人，孩子想做一件事，不要因为你不喜欢，就利用父母的权威横加干涉，而要把道理讲明，给孩子足够的思考空间，他有做自己的权力！

　　就算孩子没有成年，父母也只能是引导，不能强行干涉。

　　父母不能代替孩子走完人生，总有一天，父母要比孩子先离开人世。当父母老了，或没有能力为孩子提供保护时，一切要靠他自己。

　　有的时候，孩子的行为可能错了，走了一下弯路，但往往这个错误也会让孩子收获经验，自我修正前进的方向。如同奔跑会跌倒一样，但没有人怕跌倒而放弃奔跑。

　　最好的爱是给孩子建议，不是替他一票否决。

为什么孩子如此自私

◎ 案例：我有那么傻吗？

一位母亲向我哭诉，老公中年去世，她一个人把儿子拉扯大，现在儿子大学毕业参加工作，按理说她该过自己想要的生活了。事实呢，她晚上下班回家，要为儿子做饭、洗衣。差不多同时间下班回家，儿子却像太子一样等妈妈做好饭，才去吃，家务全扔给妈妈，吃完饭就去电脑上玩游戏，完全不顾及妈妈的辛苦。

"他的衣服又厚又大，我用手哪里搓得动？"

"让他自己洗啊。"我说。

"他从来没有做过这些事，不会做。"

"那他会吃饭吗？"我反问。

她一愣，很快反应过来说："孩子都这样嘛。"

"既然你愿意这样，干吗还抱怨辛苦？自找的嘛！"

事实上，有这种苦楚的不止这位母亲，我周围的邻居、同事、朋友，尤其是年龄大的，她们经常在一起谈起自己已经长大的儿女，8个字：只想索取，不肯付出。

平时，我自己带孩子出去玩时，经常发现这样一个现象：孩子与小朋友在一起，占了便宜，多数父母通常不吱声，吃了亏，立马就会大呼小叫，要为孩子讨个公道。这说明一个现象，父母只教育孩子占便宜，不能吃亏，至于主动奉献和付出，是脑袋不灵活的孩子才肯做的事。这样的意识会被父母不知不觉中表现在生活的细节里，孩子耳濡目染，自然习惯于接受别人的施爱。如果你让他对别人付出一点儿，或在集体中多劳动一点儿，他会说：

"我有那么傻吗？"

从这句话里反映出父母对孩子感恩教育的缺失。主动为别人奉献一点儿爱已经成了"傻"的代名词。孩子对父母的感恩也就成天方夜谭了。如此一来，你的孩子不自私谁的孩子自私呢？

在校门口，每天你都可以看见这种情况。

放学时，孩子把书包往爷爷奶奶面前一扔，人就撒欢玩去了。孩子背书包是他分内的事，能累坏他吗？不能！还可以进行体能锻炼。但爷爷奶奶心疼孩子，替孩子背。退一万步说，孩子小，怕累坏，可以理解。但说到大学校园，每到开学时，校园里随处可见扛着行李的父亲，母亲则迫不及待地帮助孩子收拾宿舍以及行李、衣服。上大学的孩子基本都成年了吧，有的已经二十出头了，难道自己不会铺床，不能拿行李吗？这些事还要年迈的父母出力吗？但那些虎虎生威的小伙子，哪一个从父亲的肩上接过自己的行李？

有一次，朋友生病发烧，女儿放学回家，见她妈妈没有给她做饭，不但没有关心妈妈的病情，反而抱怨说："你病了，谁给我做饭呀。"朋友对我说起这件事时显然很伤心。

孩子上高中时，她选择了外地一所名气非常大的学校，女儿对她说："你们走吧，把钱都给我就行了。"

自私程度，可见一斑。

◎ 分析：天使是如何成为白眼狼的

现在的孩子普遍缺少感恩教育。

上一代人多是多子女家庭，实行计划生育后，一家基本只有一个孩子。原来多子女家庭是吃不饱、穿不暖，一家人的日子紧紧巴巴。现在一个孩子，物质丰富，什么都不缺，要什么有什么。父母毫无原则地给予，孩子习以为常。一旦不能满足其需要，孩子就抱怨甚至大发脾气。

孩子的知恩、感恩，不是与生俱来的，需要在后天的教育中培养。

但在应试教育中，评价学生的优劣只看成绩，不看德育。在此大背景下，德育教育显得微不足道，苍白无力。小学考分，中学进重点，大学考证，大家认为只有这些，才是一个人进步、成功的标志。在这场为孩子未来的利益进行争夺的战争中，父母很少想到感恩教育对孩子一生的影响，在人与人的交往中，实用、功利通常成为唯一的衡量标准。这对"滴水之恩，当涌泉相报"的传统感恩文化形成一种反向冲击，导致社会大环境对感恩文化的遗忘。最终，感恩教育明显缺失或几近消失。

就拿学习这件事来说，原本孩子应该感恩父母辛苦工作供自己读书，现在却反过来了，孩子学习好，父母好像大臣受了皇帝的恩赐一样，对孩子感激涕零，给他各种奖励。

美国每年11月的第四个星期四是感恩节。早期乘船来到美国新大陆的英国人，在海上漂泊几个月后，从马萨诸塞州普利茅斯登陆，其间，由于饥饿和疾病，许多人相继死亡，活下来的人开始播种，转年迎来丰收。后来，人们选择一个日子，感谢上帝的恩典。为感恩设立节日，可见感恩教育在美国人心目中的地位。

◎ 父母应该明白的道理：培养孩子的互爱意识

让孩子懂得感恩不难，生活中的很多小事都可以让孩子学会感恩。

比如，在家打扫卫生时，请孩子搭一把手，哪怕是帮你擦擦汗、洗洗抹布这样的小事。不要拒绝孩子，让他看到母亲脸上的汗水，他才会想到，母亲天天为其打扫卫生很辛苦。孩子感冒时父母无微不至地照顾孩子，孩子会习以为常。

那么，父母感冒也要让孩子试着来照顾自己，别说你不需要！

不用担心影响孩子学习，这点小事不会浪费他多少时间。在孩子照顾父母的同时，孩子自然体会到平时自己生病时父母照顾自己的不易，这样的相互照顾会增进父母与子女间的感情，通过这场爱的互动，孩子自然而然懂得感恩。父母下班晚了，让孩子把饭做好，不会做难度大的饭菜，简单的总可以吧。偶尔来这么一次，孩子也会觉得有成就感："啊哈，妈妈我会做饭了。"还调动了孩子热爱劳动的积极性。时间久了，孩子自然会心疼父母的辛苦，再有加班或下班很晚时，他就会主动做饭，打扫卫生。

在我看来，孩子少背一首诗，不会影响他的前程。但感恩教育的缺失，对他将来成为一个怎样的人将会产生不可逆转的负面影响。当你发现他已经是一个十分自私的人以后，孩子长大了，再想改变是很难的了。孩子就像一株盆景，你把它弄成了这个造型，等枝繁叶茂时，再去改变形状为时已晚，硬要去做，只有一种可能：折了。换作孩子，长大后只想索取，不能付出；只有自我，没有别人。他将缺少真正的朋友，陷入挫折与困境之时，很少有人愿意伸出援助之手。这也就意味着他的人生之路越走越窄，更别指望着他会走多远，飞多高。

作为父母，要帮孩子种下感恩的种子，要培养孩子的互爱意识。

爱也像植物一样，没有阳光、雨露的润养，会枯死。与父母、亲人、朋友、同事互爱互助，就是最好的阳光和雨露。懂得感恩的孩子必定懂得如何与人交往，如何快乐做事，通常是人群中人脉资源最好的那个。众所周知，在职场上，人脉资源好的那个员工是最容易走上领导岗位，最容易成功的。

感恩，会让孩子发现一个不一样的世界，感受到人际间的美好，获得心灵的抚慰。

感恩是孩子人生的重要一课。在他开口说话时，让他明白是他时刻感受到的父母的爱让他生活得如此开心、快乐；上学以后，让他明白是父母的辛勤劳动创造了他现在的美好生活；考上大学以后，让他明白是父母多年的付出与养育成就了今天的他。

对父母感恩，感谢他们辛苦地养育自己，给自己一个快乐的童年。

对爱过自己的人感恩，感谢他们朴素的爱，使自己的心灵得到净化。

对温暖过自己的人感恩，感谢他们无私的帮助，使得自己度过一段艰难时光。

对接纳自己的人感恩，感谢他们的包容与宽厚。

对朋友感恩，感谢他们分担了很多苦闷，带来了难得的快乐。

对欣赏自己的人感恩，是他们发现了自己与众不同的美好，让自己获得了无穷的前进动力。

对批评自己的人感恩，是他们发现了自己的不足，使自己意识到缺点，并加以改正。

对竞争对手感恩，是他们让自己一直努力前行。

对讥讽过自己的人感恩，是他们使自己懂得友好相处的重要。

对打击过自己的人感恩，是他们使自己能够坦然面对挫折。

与你的孩子一起学会感恩吧，也许，你不曾对父母感恩过，是孩子让你明白感恩的重要。一切都还来得及，请像爱孩子一样爱自己的父母，孩子才会像爱自己一样爱你。

为什么孩子总是撒谎

◎ 案例：爱撒谎的女生

徐女士是我原来单位的同事，有一个 14 岁的女儿田田，老公做业务，常年出差在外，孩子的教育几乎放她一个人身上。她是一个追求完美的人，对待孩子的教育是希望"青出于蓝而胜于蓝"。她的苦恼不是一个人带孩子有多累，而是孩子经常撒谎，她隔三差五就被老师请到学校。

田田妈如是说：

上小学时写作业，我每天都陪着她，生怕她养成马虎的习惯。她写完作业，我要逐一检查，比我自己上学都累。上初中以后，因为工作忙，整天累得要死，我不能像小学那样天天陪她写作业，检查对错。没想到，从此以后，我的噩梦来了，经常就被老师给叫到学校。田田作业经常写一半，不会写的就在作业本上给老师留下一个问号，意思是她不懂，不知道如何写。有时，我会突击检查，发现很多问题，一是字迹潦草，不工整；二是马虎，有些不该错的都错了。每次我被老师"召见"，她都会在老师严厉的批评中保证，下次不会犯这样的错误。下一次，她又会在相同的事情上犯错误。有一次，期中考试，她向来的弱项语文和英语一下子考了 90 分，我纳闷，但也没多想，为女儿的进步高兴，还主动给了她 300 元钱作为奖励。这个奖励很管用，女儿放学回家很少看电视，主动学习，测验成绩"上升"得很快。正当我心情大好时，班主任打电话给我，要我到学校去和她"谈谈"。原来，田田并没有进步，孩子偷偷改了分数。第一次老师发现她改分数没有"揭穿"，期末考试她又相同的方法蒙骗老师。知道事情真相以后，在老师面前，我是好话说尽，替孩子向老师保证，以后不会发生类似事情。更让我无法忍受的是，她还偷拿我钱包里的钱，每次数目都不一样。若不是当场抓着，她死不承认。我就不明白，这个孩子怎么这么爱撒谎。她撒谎跟说真话一样，脸不红心不跳。为了撒谎这件事，没少揍她，每次她都答应得好好的，下次照犯不误。

◎ 分析：她为什么喜欢撒谎？

　　有很多孩子家长这样问我：为什么别人家的孩子不撒谎，我家的孩子喜欢说谎？就这个问题，我与很多爱撒谎的孩子聊过天，从他们的回答中我总结出以下几点。

　　第一个原因是，要得到想要的东西，大人不给，孩子只好采取撒谎手段。如果第一次"成功"，就会壮大他的胆子，再次撒谎。

　　第二个原因是，做错了事，怕父母指责、打骂，只好撒谎。但孩子无法想到撒谎的后果，为了圆这个谎言，结果用了十个谎言，造成谎越撒越多。这些谎言是在父母的"高压"政策下形成的本能的自我保护式谎言。父母是强者，孩子是弱者，撒谎是弱者对强者的畏惧。

　　第三个原因是，父母本身之间不信任，相互撒谎，孩子整天生活在这样的环境中，不知不觉间养成了不好的习惯。多数孩子不明白一点，为什么大人可以当着他的面撒谎，而自己撒谎却会遭到指责。这种情况在很多家庭中都有过，父母却不以为然，殊不知，孩子撒谎就是耳濡目染的结果。

　　就拿田田来说，也许父母本身没有撒谎的习惯，但是，对于田田作业完不成经常撒谎的事，我们可以仔细分析一下，孩子为什么要这样做。

　　老师当着母亲的面批评田田，田田作了保证，那是在老师与父母的威严下作的保证，是对大人的一种本能畏惧。孩子保证的时候，她的态度绝对是认真的，是想把作业写好，但她毕竟是没成年的孩子，回到家很快忘记了原来的保证，继续"我行我素"。为什么我行我素？因为她又回到了原来的"生活状态"。当她写作业遇到困难时，失去母亲这个拐杖她会孤立无援，母亲又会在忙乱中指责她："这么大了连作业都写不好，你还能干什么？"当孩子听到这话，对自己失去了信心。

　　如果这个时候，孩子缺少父母的关心，又没有老师的主动帮助，就没有能力实践她对大人的承诺，撒谎的恶性循环就会开始。

　　同样，孩子第二次没有能力兑现诺言，大人就会怪罪孩子不诚实，怪罪多了，孩子幼小的心灵会更加脆弱无助。为了逃避处罚，只好再次采取撒谎的方式。

　　对于田田偷拿妈妈钱的问题，她妈妈告诉我，平时不给孩子钱是怕孩子乱花钱，养成好吃懒做、大手大脚的坏习惯。殊不知，不给孩子钱要讲清不给的理由，同时，也要适度满足孩子的物质需要。如果不能很好地掌握这个度，孩子就会想办法偷拿父母的钱。

孩子以各种理由骗老妈的钱，要看他的动机是什么。

不要孤立地看一件事，很多人认为孩子偷拿钱，天生"手脚不老实"，管也没用，习惯性地把孩子的问题归结为孩子本身的问题，张口就指责孩子。对于这个问题，战国时期著名的思想家、教育家墨子给了我们答案：

"染于苍则苍，染于黄则黄。所入者变，其色亦变；五入必而已则为五色矣。故染不可不慎也！"

什么意思呢？

有一次，墨子路过一家染坊，看到雪白的丝在各色染缸里被染了颜色。任凭你怎样漂洗，也无法再将染了色的丝恢复它的本色了。孩子的本性也像丝一样洁白，一旦受到污染被染了色，再想恢复本性的质朴纯洁，很难。

孩子的性格、心理、情感、习惯的形成，都是生活环境的产物。孩子的所有品行习惯都是从家长的日常生活中学习得来的，孩子的好坏，依赖于父母平时的教育方式，老鼠的儿子会打洞是因为老鼠没事就在地上打洞，它的孩子不用它刻意教打洞技巧，耳濡目染就会了。

◎ 父母应该明白的道理：没有不犯错误的孩子

孩子经常撒谎，大人该怎么办？是粗暴地打他一顿，让他长一次记性，下次撒谎就再狠狠地打一顿，还是视而不见，等他长大自然就会好了？

这个问题，因人而异，不同的孩子生长在不同的家庭环境，撒谎的原因不能一概而论，要像医生治病一样学会"对症下药"。

孩子来到世界，是一张白纸，像天使一样光洁。他用一双天真无邪、毫无杂质的眼睛看待人间烟火。在他的人生经历有限时，无法正确判断对与错，无法看清事情的本质，更不懂对自己的言行"负责"，难免会做出一些让大人生气、不理解的事情，这本无可厚非，只要及时纠正即可，并非大事。

没有一个孩子生下来就会撒谎，他后来长成什么样都是生存环境所导致。就像一棵小树，放在城市的街道，它就是一棵景观树，每天需要施肥、除草、浇水，但它永远也无法成为一棵有用之材。如果放在大自然中，小树的命运有三种可能：第一种是还没有长大，就夭折了；第二种是成为平庸之材，弯曲，矮小，最大的用处是造纸；第三种是历经风雨之后成为栋梁，可建高楼大厦。

一棵小树有这么多种未来。

一个孩子的未来也有无数种可能。

不要以为孩子从不撒谎，做什么事都顺父母的心，一点儿错误不犯，就是好孩子。好孩子的标准不是不犯错误，而是犯了错误后，能够知错就改，并把错误当成是前进的导师。因为错误，也只有错误能够真实地告诉孩子，自己在哪些方面不足，并且从错误中深刻领会，懂得哪些是正确的，哪些是不正确的。

有天，我在广场上带儿子玩，旁边有一位母亲，孩子把玩具弄坏了，那位母亲当即暴怒地踢了孩子好几脚，孩子哇哇大哭。我在一边看着心里十分难过，非常心疼那个孩子。一个并不值钱的玩具，孩子并不是故意弄坏的。

这位小朋友并不是存心弄坏那个玩具，而他的母亲勃然大怒，狠踢孩子几脚。如果再过几年，孩子到了小学、初中，母亲还是用这种方法教育孩子，很可能会教育出一个因畏惧而撒谎的孩子，到那时，恐怕这位母亲还会抱怨孩子爱撒谎，却不反思孩子爱撒谎的原因。

托尔斯泰说："在一个家庭里，只有父亲能自己教育自己时，在那里才能产生孩子的自我教育。没有父亲的先锋榜样，一切有关孩子进行自我教育的谈话都将变成空谈。"

托尔斯泰说的即是榜样的力量，也是教育的方式。

父母不让孩子撒谎，首先自己必须做到言行一致。你要求孩子一是一，二是二，自己却把黑说成白，把白当成黄，孩子当然不服气。父母在孩子面前，应像古代的王一样"君无戏言"。

我们不是提倡父母做孩子的帝王，而是要做孩子王，放下"高贵"的身段，与孩子打成一片，要有"君无戏言"的诚信精神，答应孩子的事就要去做，如果真的做不了，无能为力，要跟孩子实事求是地讲清楚。不要一高兴就给孩子许诺一堆没影的事，也不要因为孩子考了好成绩，一激动就夸下海口。话好说，嘴一张就完事了，过后不兑现，你认为没事，但孩子不这么认为，他觉得你这是撒谎骗他。这种事多了，你说的话在孩子面前就没有了威信，你的高大形象在孩子心中立马矮了下去。

我有一个好朋友在宣传部门任职，人漂亮，事业好，有天逛街时，她14岁的女儿突然问她："妈妈，你那么优秀，为啥喜欢上爸爸？"言外之意她爸爸是个"不咋样"的人。

问题突然，朋友愣了几十秒才给女儿找到一个"合理"的答案："爸爸很优秀呀，经常给我们做饭，洗衣服做家务，很宠我们两个人。"

"这就叫好呀？他上周答应我去郊游、写生，又没去，他经常干这样的事，说了不做。他说的话我现在基本不信。"

父母与孩子间建立诚信，要言必行，行必果，给孩子积极、良好的榜样力量。不要以为事小，不当回事。在孩子眼中，小事做多了，就成了大事，会给他形成思维习惯——他们能撒谎，我为什么不能？他们向我保证的事情做不到，凭什么要求我做到？

所以，孩子撒谎也就不以为意。

有的父母会说，孩子爱撒谎，天生就那样。

据我多年的观察，孩子爱撒谎，多是出在父母没有耐心、脾气急上。教育方法不对，如同对牛弹琴。牛能听懂琴声吗？当然听不懂，如果听不懂，你还在那儿接着弹，跟瞎子点灯有什么区别？不但白白浪费了蜡烛，你还积了一肚子气。问题没解决，疙瘩越积越大。

有时，孩子做错事，害怕父母责问，导致孩子不得不撒谎。如果你的孩子的确有爱撒谎的习惯，也不用急得跟天塌下来一样大呼小叫。处理得过急，就会适得其反。除此以外，要分析孩子撒谎的动机和当时的心理状态，与孩子心平气和地分析事情错在哪儿，是习惯性撒谎还是偶然不得已的撒谎。给每一次撒谎确诊。从病因入手，对症下药，一切都会变得简单。

孩子做错事，本身就害怕父母问责，你对孩子既没耐心又不给他时间，慢慢地，孩子就会对自己失去信心，当孩子对自己失去信心的时候，就会出现各种问题。因此，平时一定要多多关爱孩子。亲人给予的鼓励、支持、信任、包容，对孩子重新建立自信是非常重要的。

天下没有不犯错误的孩子，也没有不犯错的人。

错误是人生最好的老师，它给我们的人生深刻启示是花多少钱都买不来的。即使孩子犯了不该犯的错误，父母也该从容淡定地看待这件事，与孩子一起从错误中反思，总结人生成长的经验，这比说教更富有实际教育意义。

为什么孩子容易早恋

◎ 案例：心甘情愿被骗的女生

朋友的女儿17岁，正值"雨季"。

她与网友见面，被网友骗去了手机和身上仅有的100块钱，若不是一位中年男人在隔壁的包间里听到她大喊救命冲了进去，说不定发生什么可怕的事情……朋友接到警察打来的电话，差点儿气疯了，恨不能打死女儿，一想到她在网上认识骗子男人，自己都后怕。回家后父亲把孩子一顿狠揍。第二天，孩子离家出走，父母多方奔走寻找，最后发现她又跟那个网友在一起了，明知是狼窝，还要自投罗网……

说起这件事，朋友的女儿这样说："我爸妈除了给我钱，给我指责，给我生命，什么也没给过我。我知道我不该再次去找骗我的男人，可是，在那个男人眼中，我看到了真正的自己！"

孩子说出这样的话，她的母亲也惊呆了：

"这17年来，什么都没给你，你是怎么长大的？喝西北风吗？让你享受最好的生活，上最好的学校，看看你都做了什么。说出来你不觉得丢人？天天上网，那个骗子说什么你都当真理，你妈我说什么，你都认为我是害你！我看你简直是脑子进水了，要不就是被骗子洗脑了！"

　　这对母女哪是母女呀！就像大街上开车不经意间刮擦了对方的"路怒者"，相互放狠话刺杀对方。现实中这样的母女比比皆是，母亲怕女儿被骗，受到身心的伤害，而女儿宁愿入狼窝，也不听母亲的劝告，一意孤行。

◎ 分析：哪些孩子容易陷入早恋？

　　记得台湾小说《第一次的亲密接触》一上市，就引发年轻人尤其是学生的购买热潮，他们是这本书的忠实读者。故事讲述了男女生的一段爱情，单从书名看，就已让人浮想联翩。如今孩子们爱看的青春影视剧大多讲一些离奇曲折的爱情，有的甚至是怀孕、堕胎。而父母则害怕孩子受剧中观念影响，模仿主人公，与异性亲密接触。这也是许多少男少女在异性交往问题上，与父母矛盾最为激烈的分歧，父母总怕孩子与异性过度亲密接触，发生"意外"。

　　孩子到了青春期，正是人生的第二次"断奶期"，渴望关心、关注，渴望温暖。早恋，在某种程度上是在寻找心灵的温暖与情感的寄托。父母的关心多是来自吃喝用，在心灵上往往实行封锁与禁锢，导致成长需求旺盛的孩子情感空虚，精神缺乏支撑。稍有人对他关注，就会发生情感的转移。

　　孩子处于懵懂期，无法认清对异性的好感到底是友谊还是爱情。事实上，孩子对爱情的认知根本不是大人想的那样理性、深刻，一切都是模糊的。很多时候，孩子要的不是爱情，而是爱，这个爱让孩子在对方的眼中看到了另外一个自己，他会把爱看成爱情。这种时候，如果父母不能给孩子足够的爱，孩子就会陷入早恋——心灵的苦闷无处释放，孩子就会跟对方诉说。

从另一方面讲，孩子早恋不能简单地说他是在早恋，而是孩子急于长大，急于成熟，急于对自己的未来有一种情感认知。他之所以信任对方，是因为他在对方眼中看到了"成熟"的自己，"有能力"的自己，被人"肯定"的自己，"美好"的自己。当孩子一下子找到了那么多的自己，当然喜欢与对方在一起，而这四点恰恰被父母贬损得一无是处。

早恋十有八九是孩子情感"断奶"时的心理依赖，与爱情没关系，当孩子内心空虚不快乐时，他会主动寻求同伴的友谊、关爱，与异性稍稍接触多一些，就会发生情感的转移、变迁。这也就不难理解，朋友的孩子为什么非要和网友在一起，即使知道对方是个无业游民，骗了自己，遭到父母的打骂以后还要去找他。一个重要的原因就是，那个男人知她所想，投其所好，假意的关心呵护使她分不清真假，一头扎进男人的怀抱。这种呵护既有父母式的呵护，也有朋友式的友谊。与这个骗子男人在一起，很大程度上，是对方的精神世界吸引了她，他给她自由的空间，他让她体验到被重视的美好，让她满足并快乐。

容易陷入早恋的孩子大致有以下几类：

1. 夫妻关系不和睦，孩子从小生活在父母战争的阴影中，到了青春期就会寻求外部世界的温暖，遇到能"说到一起"的异性通常会陷入早恋。

2. 有些孩子从小生活在单亲家庭中，渴望温暖和爱，稍有异性对他关心一下，就会陷入早恋。

3. 有的孩子是因为看了不良书籍，觉得好奇，模仿书中的主人公谈起了恋爱。

4. 还有一种情况是女孩子太漂亮，对她动"心思"的人太多，她一时经不住甜言蜜语的诱惑陷入了早恋。

◎ 父母应该明白的道理：让孩子先认知自己，再认知别人

与心甘情愿被骗的女生不同的是，另外一位朋友的女儿，也发生过类似的事情，但这位朋友的女儿就没有像被骗的女生一样，主动找那个骗她的男人，而是悬崖勒马，找回了自己。

为什么同样一件事，结果不一样？因为父母的处理方式不一样。悬崖勒马的女生与网上陌生男人在一起以后，她爸爸气得要揍她，孩子的母亲制止了暴怒的父亲，把女儿紧紧抱在怀里，拍着她的后背轻声安慰道："没事了，不管发生了什么，爸妈永远是最爱你的人。"

第二天，母亲仍然假装什么事都没发生一样对孩子好，并且从那以后，每天孩子上学离家时，她和老公不管心情好坏都要给孩子一个深情的拥抱，只字不提那晚发生的事。一个星期以后的中午，女儿发微信给她：

"妈妈，谢谢你的宽容，你让我学会了理性看待自己，看待他人，这也是你给我的认知自己的过程。我知道我错了，你为我的安全担忧，我自己想想也后怕，以后，如果再遇到这样的事，我想征求一下你的意见再做决定。"

朋友趁机慷慨激昂地发表了一个母亲的演说：

"好孩子，因为爱你而担心你，怕你受到任何伤害，妈妈所做的一切就像一个吃力不讨好的保安，只有一个目的，希望你幸

福地成长。你可以自由地交往朋友，但一定要睁开眼睛看清对方的品质，若看不清，妈妈会告诉你，帮你分析对方是哪一种人，你要相信，妈妈是永远不会背叛你的好朋友。"

同样一件事，方法不同，结果不同。

早恋是没有果实的花朵，表面或暂时的快乐会蒙蔽一切未知的痛苦，如果把控不当，对自己对他人都将造成一定程度的伤害。

到了青春期，对异性产生好感再正常不过了。我们不主张孩子早恋是因为孩子还小，几乎没有阅历与判断力，相对于成年人，孩子的控制能力较弱，早恋会对他的生理、心理造成不良影响。

父母可以友好地告诉孩子，对异性有好感就像感冒发烧一样正常，每个人都会经历这样的心路历程。有好感未必要付诸行为，埋在心里更美一些。就像我们看到超市里精美的珠宝、漂亮的衣服，不可能都买回来。随着年龄的增长，会遇见很多的美好以及各种诱惑，远远地欣赏就已经足够了。对于一个人有好感也是这样，欣赏之美永远比占有之欲让人尊敬。

平日里经常接受父母拥抱的孩子，在心理上有一种安全感，心灵的情感也非常丰盈，比那些平时很少被父母拥抱的孩子早恋的概率小很多。所以，如果你的孩子还没有早恋，趁此好好"经营"你们的关系。最好像铁哥们那样，倾听彼此的心事，有快乐一起分享，有痛苦一起分担。这样环境下长大的孩子乐于与人亲近，朋友多，即使到了一个陌生环境，也会很快融入到集体生活中去，不会因为内心的孤独而对某一个人产生"依恋"。而无论什么原因，如果你的孩子有早恋倾向或已经早恋，作为家长都应该给予孩子足够的关爱与呵护，多抽出时间来陪孩子，多与孩子交流谈话，多带孩子看看外面的世界，多参加一些课外活动，开阔一下孩子的视野，转移孩子的情感。

发现孩子被骗或者与异性偷偷交往，也不必大惊失色，草木皆兵。

关键要把握好说话的方式、技巧，想一想用怎样的态度和孩子沟通，孩子才乐于倾听、能够接受，这个很重要。任何事情都有解决的方法，问题是你能否有效地找到问题的关键点，既不强迫孩子，也不粗暴指责，而是帮助孩子分析事情的利弊，以"克制"的态度，以包容的心胸，以理性的思维，与孩子讲清事情的利弊。

让孩子从生活的点滴中学会理性思考问题，先认知自己，再认知别人。只有这样，才会在生活中明辨是非，正确取舍。

不想让孩子陷入早恋的烦恼中，父母要多关心孩子的心理及情感需要，就像关心他的一日三餐一样，父母给孩子配备的食物做到营养均衡，同样，也要给孩子的心灵土壤洒下各种营养元素，这些营养元素很容易配备：

请用爱的眼神与孩子交流。

请用爱的思维教孩子理性地处理"爱"。

请用爱的方式让孩子重新认识自己。

为什么孩子屡教不改

◎ 案例：那些屡教不改的事

写下这个题目时，我耳边一直响起很多父母咬牙切齿的抱怨。

"他天天跟一个学习不怎么样的男生混在一起，你说他一百遍，就是不长记性，我的话在他眼中什么都不是！有时气得真想揍他一顿！"

"早晨上学时给他一个星期的零花钱，告诉他不要买那些没用的东西，嘴上应得好好的，晚上回来钱就没了，都买了一些小手枪之类的玩具，要是真能玩也行，家里一堆，每次我都给他当垃圾扔了，过后，他还买！"

"经常放学后偷偷去网吧上网，那网有啥上的？他就乐此不疲！"

"不写完作业就出去玩，不看着就不好好写，好像给我写一样！"

"不让他在学校旁边的小店买零食吃，他非得买，我不是怕他吃，那些全都是垃圾食品，吃了不但没好处，还影响健康！"

撒谎屡教不改。

偷钱屡教不改。

上网屡教不改。

……

作为父母，说起自家孩子屡教不改的事一箩筐。

◎ 分析：孩子为什么屡教不改?

成长中的孩子，他们的身上存在屡教不改的毛病，对于这些毛病，父母用尽招数，还是不能根除，真拿它们没办法。

什么样的孩子会在一些事情上屡教不改?

一般而言，屡教不改的孩子价值观比较模糊，是非观念淡薄。

有时候，他明明知道自己错了，但拒不承认，维护自尊，所以推卸责任。

有的孩子则是出于自我保护，害怕惩罚，所以逃避责任。

有的孩子撒谎是想同父母对抗，因为父母撒谎，为什么我不能?

有的孩子从小跟着爷爷奶奶一起生活，父母对孩子不管不问，这样一来，孩子撒谎是想获得父母的关注、关心，渴望他们的温暖。

总之，当孩子被父母忽略或者不能有效沟通时，孩子就会在一些"老问题"上屡教不改，就这些问题，我私下里和一些学生聊过，他们的解释五花八门。

"有时候，不想写，作业每天都那么多，快要把人压死，太累了，一点儿自由时间也没有，就偷一次懒，结果，让我妈抓一次当百回。"

"的确是忘了，不是故意不写，跟我妈解释，她不相信，我也没办法。"末了，孩子叹息一声，"唉，由她去吧。"

"我爸回家就玩手机，我玩一次他就生气地骂我，他能玩，我为什么就不能？"

"我妈死不讲理，她什么都是真理，她不讲理，干吗要求我讲理？"

"我妈老说上网的孩子不是好孩子，那她咋天天晚上上网呢？她没学坏我就学坏了？所以，我经常背着我妈到网吧上网，我上网一般就是玩游戏，现场抓不住我就死不承认。"

......

◎ 父母应该明白的道理：不是不能说不，而是学会说不！

孩子犯了"屡教不改"的错误，并不是孩子无可救药。

如果我们的教育方法出了问题，势必会教育出一个问题孩子。孩子的成长出现问题，多半是他的生存环境有了问题，孩子的成长才会走弯路。就拿屡教不改这个问题来讲，不是孩子屡教不改，而是父母没给孩子教而改之的机会。

我这样说，你一定很惊讶，甚至质问我：我没给？我给他的机会还少吗？他照我说的去做过吗？你先别急眼，就拿孩子上网这件事来说，你每次告诉他不许上网，他答应得好好的，过后还去上网，于是，你勃然大怒，打骂孩子，不给他钱，一次比一次狠，不但没管用，孩子居然变本加厉地上网。最后孩子在你眼中成了屡教不改的问题孩子。

想过这是为什么吗？

也许你会说想过，他天生就是那么一个不听话的孩子！

从父母的角度理解，这样做是对的，不管是打是骂还是勃然大怒都是为孩子好。从孩子的角度讲，你这种教育方法让孩子没法接受。你犯了错误，你的父母非打即骂你能接受吗？如果你不能，为什么非要孩子接受？都是人，感受是一样的。那么，你就得承认，你的做法是错误的，此路不通，硬要走，除了撞墙没有别的结果。好比一把钥匙，插进锁孔，拧不动，你非要打开，结果是你把钥匙拧折了，锁头也没打开，你是怨钥匙不好使还是锁头不开窍？

这与教育孩子道理相同。

我们称这种教育方法为恶性循环的教育方式，原本问题也没那么严重，让你这么一弄，彼此都陷入了困境。

如何让孩子正视你说的问题，如何能让他一下子意识到你说的话是对的，并且让他能够自觉改正呢？

当然不能你一急，不由分说劈头盖脸就是一顿"教训"，给孩子留下心理阴影，这种记忆会伴随孩子到成年后的很长一段时间。我倒是觉得并不用完全禁止他上网，但一定要与孩子约法三章，如果他能把每天的新知识学会，作业完成得很好，允许他上一会儿网没什么不好的。也就是说，通过这件事与孩子建立诚信机制，完不成作业不允许上网，完成得好，成绩也不错，还可以奖励他更多上网时间。相信用不了多久，孩子"全身心"扑在网上的情况就会有所改观，这样，冲突解决了，皆大欢喜。

出现屡教不改的事情以后，切莫生气，操之过急，你一顿急风暴雨式的训斥后，希望孩子的坏习惯就跟喷了剧毒农药的杂草一样，迅速枯萎、消除，这不可能。要给孩子改正和适应的时间，有些错误不是一下子就能纠正的。孩子处在一个成长的过程当中，各方面能力不能和成人相提并论，所以对于某些错误不能要求孩子一步到位，要循序渐进去引导和纠正，只要孩子一次比一次有进步，那就是好的，说明孩子认清了错误，也有信心去改正。

同样教育孩子，有的孩子满脸阳光，有的孩子心胸狭隘。

对孩子的错误不是不能说不，而是学会说不！批评孩子做错了事时，要充分保护好孩子的自尊，同样一件事，说法不同，效果不同。

方法总比问题多。

如果把孩子比作锁，父母就是钥匙，当钥匙插不进锁孔，就别强插了，重新配钥匙吧。

方法对了，问题自然没了。

为什么孩子厌学

◎ 案例：笨得跟猪一样

朋友程是全职主妇，两个孩子。老大是男孩，成绩一般，给他请的家教是大学老师。用她的话说："将来我儿子要接手他爸的公司，得好好培养他。"

第二个孩子是女孩，叫娜娜，读初中二年级，学习成绩全班最后一名。我呢，多次被她请到家里，给孩子"诊断"学习上不去的原因。有一次，在她家，程的儿子和女儿都在客厅里，我正和她女儿说学校的事，程打断我的话说："你不用管娜娜，她脑子不好使，记不住，比我还笨，有时间你教教我儿子吧，他才是我们家培养的重点。"

程说这话时，我一直注意观察娜娜的表情，15岁的她低下了头。后来有一次，娜娜单独把我叫到她的房间里，让我给她辅导。我发现，孩子很爱学习，尽管接受能力差一些，但她乐于倾听。对于成绩不好的事，娜娜告诉我："我妈给我哥请家教，不给我请。"

我看出娜娜内心的失落："可以要求妈妈给你请一个家教。"

"我妈说我笨，请了也是白请，不如早点儿离开学校挣钱。"

"那你愿意早早离开学校挣钱吗？"

"我不知道。"娜娜一脸茫然地看着我。是啊，她毕竟是个15岁的孩子。

大概一年后，在大街上，我遇到了娜娜。她告诉我，爸爸给她找了一家电子工厂，在生产线上做流水线工人，每天早晨7点到晚上10点，每个月能挣1 000多块钱。望着她一脸纯真，我无言以对。她父母并不缺钱，家里有上千万的资产。一个16岁的女孩，生在一个富有之家，父母从来没有因为家里条件好就对她偏爱一点。很多天，我一直想着娜娜在大街上看着我的表情。想着她对我说，她并不是真的不想学习，而是不会。落下一节不会，天天积压，落下得多了，她不知道从哪儿学起。

◎ 分析：他为啥什么都不如人？

美国成功学大师拿破仑·希尔说："自我意象"都是根据自己过去的成功或失败，他人对自己的反应，自己对环境的认识，特别是童年的经验而不自觉地形成的。

简单地说，自我意象就是对自己的评价，有的孩子从小就认为自己什么都行，有的孩子就没有这样的自信，认为自己什么都不行。

同样是孩子，为什么人家那么自信，自己的孩子做事却战战兢兢、畏首畏尾？

哈佛大学的一项研究表明，常被指责的孩子，大脑发育会朝向负面发展，因为辱骂孩子会让他们大脑"受损"，孩子的大脑在发育过程中，对于外来语言的刺激，其调节能力比成年人差很多。辱骂最直接影响大脑区域的胼胝体，这一区域负责两个大脑半球间传递动机、感觉以及认知信息。其次是海马体（情绪管理区域），以及前额叶（掌管思考和决策的区域）。当孩子大脑接受到外界不良信息刺激时，为了减缓压力，大脑就要进行状态调整，转换为"求存模式"。

当孩子的大脑一旦进入求存模式，他的大脑、思维就变得消极，加之有的父母看见孩子成绩不好就会说，你这也不如人那也不如人，时间一长，就在孩子大脑中形成一种固定的自我意象："我脑子笨，我不如别人。"

也就是说，孩子什么都不如人往往是受了父母消极情绪的引导，从而蒙蔽了孩子真实的智慧。可见，辱骂，指责这种语言暴力有多可怕！

天下没有笨得什么都不会的孩子。

一个好端端的孩子，你天天一口一个笨，不笨也让你给说成了笨孩子。

朋友的儿子王小利特别爱玩，学习不好，每次看到孩子的成绩单，朋友都火冒三丈，儿子干脆把他当成空气，视而不见。经过一段时间痛苦的反思后，朋友只得改变方法，再遇到儿子考不好时，他就换了一种方法。这位当局长的父亲十分幽默地对儿子说："儿子，你比老爹年轻时强多了，我还考过倒数第一呢。看来，将来你是当省长的料儿。"

王小利听后，哈哈大乐。

朋友抚摸着儿子的头说："儿子，爸爸相信，你下次一定比这次好，你对自己有信心吗？"

王小利很惊讶老爸没有像以前那样火冒三丈，他诚恳地看着老爸表态："爸爸，这次让你失望了，以后请看你儿子的本事！"

"好，老爸绝对相信你。"他们还相互击掌，以示友好和对彼此的信任。

事后朋友跟我说起他儿子王小利的事，颇有感触："孩子笨多是父母不会教，换一种方法可能会柳暗花明！你看现在，我儿子学习进步了，根本不用管，紧张心情解除了，问题也没了。"

表面上朋友只给了儿子几句表扬的话，事实是他给了儿子阳光积极的暗示，这个暗示非常重要，改变了儿子的"自我意象"中什么都不是的那个自己，他从爸爸真诚的眼神当中看到了那个"有用的"自己和"能行的"自己！

孩子的内心一旦被这样的情绪占满，就会获得极大的信心，也就是为什么有的孩子认为他就是学习的料儿，有的孩子认为他就是当歌星的料儿，有的孩子认为他就是当老板的料儿……当孩子觉得他是什么料儿的时候，就会努力前行，朝着那个方向努力，越努力越优秀，从而变得什么都行！

◎ 父母应该明白的道理：保护好孩子的学习兴趣

一般来讲，孩子厌学，成绩下降，多是因为周围的环境破坏了他对学习的兴趣。不可否认，孩子厌学有孩子自身的原因，但更多是生活环境的原因。比如，与老师发生不愉快，与同学闹别扭，心情不好；或者前面讲的课没弄懂，后面的课跟着压下来，回到家，父母又说一些难听的话。内部与外部环境的双重打压，让孩子一点点对学习失去了兴趣。

有的孩子本来学习还可以，但父母总是对他不满意，觉得孩子应该有更好的成绩，在父母的高压下，孩子不堪重负，最终厌倦了学习。

爱学习的孩子，理由只有一个：热爱。

不爱学习的孩子，其不爱学习也有各种各样的原因。

父母是孩子最亲密的人，孩子厌学，一定要第一时间了解孩子的真实情况。否则的话，学习的积极性和乐趣一旦被破坏，就像河水溃堤、老房子着火一样，再想挽回就很难了。

如何保护好孩子求知的天性与兴趣，对于他的成长非常重要。

孩子能把考得不好的成绩单拿回家告诉父母，说明他做人诚实，这也是一个孩子优秀的品质之一。我倒是觉得，不管孩子考得如何，父母都要淡定，哪怕他真的考了最后一名，也没关系，只要他尽力了。

先要端正教育孩子的态度。很多父母都存在这样的教育误区，孩子从最后一名到正数第几是进步，从倒数第一到倒数第二就不是进步，冷言冷语嘲讽孩子无能，让孩子在无助中失望，最后失去学习的原动力。

德国教育家约翰·赫尔巴特说："父母的喝彩，会使孩子增加自信，积极性提高，各方面变得越来越好。为孩子喝彩不是万能的，但没有父母喝彩的孩子想获得成功，几乎是不可能的。"

及时给你的孩子喝彩！

只要孩子在努力，一切就有希望，哪怕他的进步非常微小，哪怕成绩只提高了一个名次，这个微小的变化，孩子已经尽了最大的努力！如果这时，你的喝彩声及时出现，孩子的内心就会体会到进步的喜悦，这样的喜悦就像种子遇到春风细雨，会慢慢长出幼芽，这幼芽就是自信。一个人一旦建立了自信，也就是他在风雨中扬帆远航的开始。通过鼓励、喝彩给孩子建立自信就像给没油的车加满油，给停摆的钟上紧发条一样，会调动起孩子内心的积极因素，使他能够克服眼前的困难，努力前行。久而久之，一个阳光、自信的孩子脱颖而出。

我相信，当你的孩子听到你的安慰与鼓励，意识到自己不足的同时，也在内心暗暗积攒能量，下一次一定考得更好。

告诉你的孩子，学习不是为了得第一，不是为了考名校。

正如台湾著名作家龙应台女士对她的儿子所说：

我也要求你读书用功，不是因为我要你跟别人比成就，而是因为，我希望你将来会拥有选择的权利，选择有意义、有时间的工作，而不是被迫谋生。

这应该是我们所有人学习前进的最终动力吧。

为什么孩子生活能力差

◎ 案例：不会洗脚的男生

　　有的孩子到了大学还不会洗衣服，一切由洗衣房代劳。有的孩子父母不在家就吃不上饭，只能到外面吃，更别提为自己打理一日生活。有的孩子离开父母以后不知道怎么处理同学关系，无法适应群体生活。有的孩子干脆就生活在自己的世界里……

　　说来不怕笑话，我一个远房亲戚的儿子，18 岁了不会自己洗脚，你相信吗？估计没有人会相信。几岁小孩子都能做，18 岁了不会自己洗脚。我没有夸大事实。孩子从小到大，凡事他妈妈都给他料理好了，包括洗脚。如果他妈妈没时间，他爸爸会及时出现，每天晚上到时间，洗脚水端来，帮他洗完后再给他洗袜子。衣服脏了只管脱，怎么变干净的他不知道。有一次假期与同学去旅游，因为人多，孩子与同学走散。孩子身上带的钱不是很多，后来被人送到救助站。

　　现在，这个孩子已经大学毕业，一直没找到工作，不是他挑工作的好坏，而是人家老板一看他那个样，就不想用他。

　　他妈妈整天唉声叹气，愁她儿子"可怎么办呀"。

◎ 分析：是谁剥夺了孩子独自长大的机会

五一假期，我坐公交车去"奥帆赛基地"玩，我前面坐着一个 10 岁左右的男孩子，他的旁边坐着姥姥。从上车开始，姥姥就没有停止过对孩子的"照顾"。车上人多，加上阳光直射，有些热。姥姥立马问孩子热不热，热就开窗，孩子摇摇头。看到孩子摇头，姥姥好像无所适从，从包里拿出矿泉水，递给孩子让他喝，孩子再次摇摇头。没过 3 分钟，这个姥姥又拿出水果，孩子吃了几口就还给了老太太。这个时候，孩子想开窗，但没打开，姥姥立马给孩子脱衣服，并转头对邻座年轻女人说：

"让我外孙过去坐吧，别让他热着。"

孩子过去坐了一会儿，觉得那面没有阳光，又回到姥姥身边了。我一直注意观察这对隔代亲人，虽然不拿吃的了，这个姥姥对孩子的照顾简直就像照顾一个不会说话、不会行动的婴儿一样，无微不至，一会儿怕孩子渴了，一会儿怕孩子饿了，一会儿怕他热着……

记得辽宁有一个"猪孩"，从小喜欢和猪一起玩耍，长大后，不会说话，只会像猪一样哼哼，像猪一样用四肢走路，完全是猪的生活习性。这个真实的例子告诉我们，孩子生活能力强弱，与生活环境相关。就像狼生活在辽阔的大草原上，没有充足的食物，它必须快速奔跑，不然，追不上别的动物它会饿死。

日常生活中，孩子打扫卫生、做家务，父母会有各种不同的反应。有的父母责怪孩子，是想借此机会娱乐放松；有的父母即使不责怪孩子，也会说，不用你干，快去休息吧；有的父母则会动怒，叫你学习你不学习，偏爱出来干活，将来考不上大学，你扫大街去吧。少有父母鼓励孩子做力所能及的事，哪怕洗自己的衣服袜子，生活琐事基本是父母代劳。所以，孩子大了什么都不会做，没有自己料理自己生活的意识，这也是很多孩子到了大学，没有独立生活能力的最直接原因。

◎ 父母应该明白的道理：培养孩子的生存能力从小事做起

动物世界中有这样一种现象：狮子、老虎小时候就开始跟着母亲外出学习捕猎的本领，母亲捕回的食物有时不急于吃，让孩子练习捕猎。等到它们稍大一点后，母亲就会放手，让它们独自捕猎。渐渐，没有母亲的帮助它们也可以独自生活了。动物如此，养育孩子也如此。

总有一天孩子会长大，离开父母，独自生活。

从小培养孩子独立做事的能力，长大以后，孩子才能事事做得很好，让你满意和骄傲。

我有一个朋友，她腰不好，自己带孩子，儿子2岁多一点，每次洗衣服时，就让儿子坐在小凳上一起洗，饭后让孩子自己洗碗，尽管有时洗不干净，还会打碎碗。到了幼儿园大班以后，孩子的生活基本可以自理。现在小家伙已经上小学三年级了，从写作业到洗衣服都是自己做。朋友开超市，忙的时候，儿子放学后，先是帮妈妈把晚饭做好，再把家里收拾一遍，然后再做功课，一边做功课，一边等妈妈回来吃晚饭。朋友提到儿子，自豪极了。

不同的妈妈，养育不同的孩子。

从孩子小时候开始，让他做力所能及的事，是对孩子的锻炼。孩子大了就会了，这是一句自己欺骗自己的谎言。小的时候不让孩子做事，长大了他就不知道什么是该做的事，分内分外的事都不会去做。老话说：寒门贵子。这句话有它的道理。为什么穷家能出贵子？原因很简单，穷人家的孩子每天看着父母辛苦劳作，时间久了，也慢慢养成了勤劳的习惯，感恩父母，珍惜当下的读书环境，奋发有为，同龄孩子不能做的事他都能做得很出色。

孩子从上幼儿园开始自己动手穿衣、洗脸，有助于养成良好的行为习惯。穿不好或洗不干净都不重要，重要的是培养孩子开始学习自己动手料理自己的事情，培养孩子热爱生活的情操。没有不好，就没有更好。所有的好都是从不好发展而来的。就像小时候走路，你不让他走，他永远也不会走路，摔几个跟头，他才能走得稳健、踏实。

父母抱怨孩子生活能力差，什么都不会做的时候，是否问过自己，这与自己大包大揽的养育方式有关？

野火烧不尽，春风吹又生。那些人工种植的草，如果不及时浇水、修剪，就会枯萎、死掉。同样是草和树木，野生的和人工的为什么有如此差别呢？种植的草，从小习惯了呵护，它无法适应大自然优胜劣汰的生存法则，一旦不浇水、施肥，它必然会死掉。那些野草，从出生那天开始，就是自己寻找阳光、雨水，顽强地与周围的恶劣环境抗争，在寒风中，在暴雨中，在干旱中，很快适应外界的变化，所以，它能很好地生存下来。

我国著名水稻专家袁隆平，有一次去实验田，他发现沟里的一株野水稻比他种植的水稻更大更饱满。后来，他把这个水稻拿回来用于与其他水稻杂交，成功地孕育了新的水稻品种。野生的之所以生存能力极其强大，不惧风雨严寒，是因为它在经年的风吹日晒中适应了恶劣天气，从而练就了强大的生存本领。

人工种植的草好比被父母大包大揽的孩子。

孩子的生存能力日积月累而成，父母可以根据孩子的年龄，适当分配一些家务或工作，让他在这些点滴小事中慢慢学会照顾自己。

那些因父母适当"放手"而自己动手的孩子，总是比那些凡事由父母照顾的孩子生存能力强。他们不但生存能力强，还在小小年纪替父母分担生活的疾苦，感恩父母的辛苦付出。这样的孩子从小就不用父母操心，即使功课多也会帮助父母做力所能及的事情。别小看这些家务活，一能培养孩子热爱劳动的习惯，二能锻炼孩子的生存能力，使孩子养成凡事自己动手的习惯，渐渐让他在劳动中发现生活的真谛。

为什么孩子沉迷网络

◎ 案例：那些沉迷于网络不能自拔的孩子

很多父母怕孩子沉迷于网络，要么严加看管，要么假期把孩子送到爷爷奶奶家里，目的只有一个，禁止孩子上网。而俗话说得好，哪里有压迫，哪里有反抗，这些举措依旧断不了孩子的"网瘾"。而且，这个时候的父母在孩子眼中，不是天下最亲最爱的人，而是暴君。孩子试图推翻父母的压制，父母则极力阻止孩子推翻"自己的统治"，结果可想而知。

我同学哥哥的孩子，沉迷网络，为了把孩子拉回来，打也打了，骂也骂了，无招可使。有一天，父亲气得失去了理智，把孩子的电脑从八楼扔了下去。想想都后怕，万一砸到行人，该如何是好。这位父亲真是气疯了，不过幸好没有砸到行人。而孩子呢，就像吸了鸦片一样上网，不能自拔。

我的另外一个朋友，也是怎么都不能让孩子戒掉网瘾，绝望中朋友想出一招，把孩子拴在汽车的后面，他在前面开，让孩子在后面跟着跑。孩子哪能跑过汽车？就出现了这样的局面，车在前面开，孩子在车后被拖在地上。不知内情的人以为是惩罚小偷——太玩命了吧！就算他偷了你的东西，也要顾及人命吧，纷纷打 110 报警。警察来了以后，一问才知道是父亲对有网瘾的儿子无计可施，做出如此傻事。

何止是一声叹息！真是可怜天下父母心。

父母就是不明白孩子为什么陷在网络里拔不出来，上网有什么好玩的。

有一次看电视，一位父亲千里迢迢领着上大学因网瘾被退学的儿子求见专家，希望专家能够把他儿子从网瘾中解救出来。为了让儿子回归正常的大学生活，他用尽了各种方法和心思，每一次都是无功而返。儿子越陷越深，课不上，所有活动都不参加，每天除了睡觉吃饭，就是上网。最后，干脆把电脑从学校搬回家，退学了。父亲批评儿子，儿子居然还打他。

生活中这样的例子不胜枚举，每一个例子都是父母血泪般的辛酸史。

◎ 分析：是什么让孩子沉迷网络不能自拔？

多数父母，除了让孩子读课本、学习，什么也不许孩子做。不能看自己喜欢的书，若有课外书也是与课本有关的辅助书。不能看电视，怕耽误学习。不让孩子随便与同学朋友在一起，怕学坏。正是这些，造成了孩子的生活单调、乏味，心灵荒芜，精神空虚。因而，一旦接触网络，很容易被网络的丰富性吸引，一头陷进去拔不出来。

孩子的精神世界什么样？内心情感的需求如何？估计多数父母都不知道。在父母指责孩子沉迷于网络时，从没有想过，这个问题是不是与自己有关。可以说，在客观上是父母长期的情感"疏离"，造成孩子这样。

很多父母会反对——他沉迷于网络是我叫他那样的吗？他不听话，你不能怨我们没管！走到今天，是他自己的原因！

没错，父母不会叫孩子沉迷于网络，但往往也是父母不叫孩子沉迷网络，孩子才有此爱好。

现在的孩子不缺吃穿用度，父母、爷爷奶奶、姥姥姥爷，为孩子提供了足够多的物质保障，却很少在精神上、心灵上，考虑过孩子的需要。

池莉说："我发现从古至今，孩子是一样的，家长却发生了巨大的改变。现在太多的父母只愿在孩子身上花钱，不愿意花时间、精力和心思。实际上是家长变得糊涂了，自私了，盲目了，愚蠢了，懒惰了。"

她的话很精准地概括了现在的父母是如何教育孩子的。

父母们忙于挣钱，无暇顾及孩子内心的需求，有的父母自己的感情就不是很好，哪有心思关心孩子内心需要什么，渴求什么。等孩子在空虚中一下子陷入网络不能自拔，才如临大敌，然后，一副狼来了的样子，并开始采取"补救"的做法。责骂过后，限制他的零花钱，这样，他就没有上网的钱；限制他的行动，这样，他就没有上网的机会；限制他的时间，这样，他就没有空闲上网。能想的招儿都想了。事实上，孩子并没有因为你的限制而离开网络，反而，这种强制性的管束只会加剧他心灵的空虚与情感无处寄托的痛苦，只会让他更加依恋网络。这不但没有把孩子从痛苦与迷茫中解脱出来，反而让孩子陷入更深的网瘾中去。

孩子的成长不仅仅是身体的成长，不仅仅是个子长高了，体重增加了。与孩子身体一同成长的还有他的情感与精神需要。成年人的情感需求得不到满足，会感到寂寞难耐，何况一个正在发育的孩子呢。身体长久处于饥饿状态会生病，情感的饥饿则会造成孩子在心灵等方面的需求畸形，甚至使其对某一件事情产生过于偏执的爱好。

上网成瘾，无法自拔就是这种现象。

◎ 父母应该明白的道理：给孩子丰富多彩的生活

孩子上网成瘾，父母多是帮凶。上网，让孩子内心无处释放的苦闷终于找到了出口，让茫然无助的孩子一下子有了依靠和寄托，从而使他一下子爆发了内心的倾诉欲望，不再有那种孤独的感觉。生活一下子丰富多彩起来，让他感到无比快乐。如果这个时候，你突然强行使他与网络断掉联系，这是非常不现实的。一是孩子会非常痛苦，二是他会剧烈反抗。想戒孩子的网瘾，不可能一步到位，需要时间。

事实上，上网成瘾没那么难以戒掉，只要父母肯花时间和孩子在一起，很快会摆脱这种虚拟的情感依赖。下面这几种方式可以尝试，或许对你的孩子有用。

首先，要丰富孩子的生活，让他积极参加体育活动，体育锻炼可以使人摆脱颓废的状态，精神焕发。为什么四年一次的奥林匹克盛会让全世界的人热血沸腾？是因为体育能培养人的拼搏精神，能让人从消极的状态奋起直追，能激发人克服困难的勇气，能让人感觉到生活的快乐与美好。

其次，主动让孩子多交几个志趣相投的朋友，给孩子们在一起谈天说地的时间。这样，他的情感不会陷入孤独或真空状态，当他内心不快乐时，有朋友可以倾诉和安慰。

再次，假期带孩子去旅游。旅游既长知识，开阔视野，又可以很好地转移孩子的注意力。倘若孩子一个假期除了完成基本作业，还经常跟着父母在外面见识如画的名山大川，与父母共同沉浸在大自然的美景中，这个时候，他还会想着去上网吗？

最后，让孩子读一些自己喜欢的书，看一些喜欢的电影。当孩子的生活丰富起来以后，他便不会陷在网络里无法自拔，因为他有比上网更愿意做的事。借助旅游、读书、与朋友交谈等众多快乐的事，把孩子带出那个封闭的自我天地，让他见识大千世界的美好，丰富他的思想、经历，慢慢地，孩子就戒掉了网瘾，会变得阳光，有活力。

为什么孩子"爱风流"

◎ 案例：那些为爱死去的花季女孩

几年前，黑龙江某大学秋季开学的第一天，一名大三女生跳楼自杀。起因是她怀孕了，找到男友，男友拒而不见。女生害怕老师、同学知道，又不敢告诉父母，已经四个月的身孕无法隐瞒，她痛苦、茫然，不知道如何处理。最后，万分绝望的她从八层楼纵身跳了下去，当场死亡。

另外一件事发生在四川某职业学院。有天晚上，一名女生肚子痛，去卫生间不久，睡梦中的同学听到婴儿的哭声。女生若无其事地回到宿舍，同学看到她下身的血迹，直奔卫生间，发现地上有一个刚生下来的男婴，气若游丝。同学打车，强行把女生送到医院，把婴儿装在皮箱里。到达医院时，婴儿因为缺氧窒息死亡。

一个月前，学校体检，没有查出女生怀孕。据医生说，孩子足月产下，至于孩子的父亲是谁，女生始终不说话。

第三个案例发生在我所在的城市青岛。一位父亲要去外地出差，早早下班回家收拾出差用品。回家推开门的一瞬间，发现读高中的女儿竟然在网上和一个陌生男人裸聊。因为太过投入，女儿根本没有觉察到父亲回家。目瞪口呆的父亲气极之下，把女儿痛打一顿。没想到，出手过狠，女儿很快就失去了生命体征，送到医院时女儿已经死亡。

真是一出出活生生的悲剧。

分析：是谁杀死了那些鲜活的生命？

看到这三则真实的案例以后，我很想采访幸存的当事人及其父母，但费了很多工夫，均没有成功，他们不接受我的采访。父母的第一反应是，省吃俭用供孩子上大学，不好好读书做出这样丢脸的事，让父母无法在人前抬头。他们怎么能平和地接受我的采访呢？我不怪他们，并理解他们内心的痛。那不仅是痛，还是永远也无法释怀与愈合的悲伤。

其实，我的内心何尝不是"翻江倒海"？

如果是因为意外或者突发事件造成生命消逝，比如车祸、海啸、地震等，在悲痛过后，我们很快会接受现实。但是，因为不懂"身体发育"的情况，孩子因一时好奇而做出不该做的事，甚至丢掉花一样的生命，是不是代价太大了呢？原本可以避免的事，原本父母应该主动让孩子了解的知识，因为我们父母的"封闭"，老师的"不好意思"，教育观念的"滞后"，而一再酿成悲剧和血案。我们既心痛，也为之感到悲哀。

黑龙江跳楼自杀的女生，自杀前曾求助过男友，男友害怕承担责任，拒绝了女朋友的求助，躲了起来。女生曾想求助自己的父母，但她知道，父母不但不会帮助她，还会愤怒地把她赶出家门。她也想过在事发后求助自己的老师，可是如果把事情说给老师，她害怕老师上报学校，她会被开除。这三种求助后果，每一种对她来说都是绝望之路。腹中的胎儿像个随时都可以引燃的炸弹，让她坐立不安。她一直用"束腰裤"使自己看起来依然和以前一样苗条，但这是纸里包火，腹中的胎儿正快速地成长着。她害怕有一天"事情败露"，自己成为别人议论的对象，学校也会把她作为"榜样"给同学们看。到那时，自己会声名狼藉，一败涂地。极度恐惧的她，带着对青春年少的留恋与不甘，在开学的当天下午选择了跳楼。

她为什么要选择在这一天跳楼自杀？

我猜想，她是用自己的死给那些新生留下"警世恒言"——如果相爱，要学会保护自己。不懂保护自己，所有的甜蜜，最后都要以百倍、千倍的痛苦来偿还，甚至像她一样以生命为代价。自己生不如死，也让父母、亲人为此痛不欲生。

一个鲜活的生命就这样凋落了。是谁造成了孩子的悲剧？是谁培养了孩子盲目的爱情观？

如果孩子懂得保护自己的话，怎么可能发生这样惨不忍睹的悲剧？然而，很多人在这件事上都有事不关己、不痛不痒的态度，认为这事只是发生在别人家的女儿身上，不可能会发生在自己孩子身上。理由是自己看得严、管得狠。

有一天与朋友们聊起这事，一个朋友对我说："羊丢了，你不要怨羊嘴馋，到处寻觅青草，更不要怨给羊吃草的人！要怨就怨没有管好羊的人！"

我问为什么这样讲，她说——哪个少女不怀春？哪个少年不钟情？

怀春是女孩子身心长到一定年龄后的必然现象，少女怀春如同春天小草发芽一样正常不过，如果不怀春，说明身体发育迟缓或生理机体有病，要看医生。既然我们知道人长到一定年龄，会渴望与异性交往，那么就要在她生命成长的必经之路上，及时排除险情，让她安然度过躁动的青春期。

道理大家都懂，但在具体实施的过程中，多数家长实施得不得要领，经常遭到孩子的剧烈反抗。孩子青春期性萌动，需要科学知识指导，而不是运用父母的旧思想——无师自通。

现在的孩子面对的诱惑多，电视、书刊、网络，到处都有卿卿我我的画面。在大街上公然亲吻的情侣也随处可见。我们可以让孩子回避这一切，但是，孩子的眼睛会真实地看到这些事情。在他们"三观"还不成熟的情况下，有可能被误导，错误地去模仿。在这种情况下，对孩子进行正确的引导、教育是至关重要的。

当错误已经发生，父母应该做的不是盲目地指责、训斥，而是学会宽容孩子的错误，积极应对可能的后果，与孩子一起承担、一起面对，这样才是更负责任的呵护，对孩子的教育意义更深远。

◎ 父母应该明白的道理：性启蒙，让孩子知道生命的意义

有很多父母都被孩子这样问过：妈妈，我是怎么来的？

多数父母都会用调侃的语调说，他（她）是从苞米地里捡来的、山里挖出来的等等，答案五花八门。少有父母认真地告诉孩子，他（她）的出生是因为爸爸的精子与妈妈的卵子在合适的时间，相遇在妈妈的子宫中，然后发育成胚胎，经过十个月的孕育，便从妈妈的子宫中生出来，长成现在的他（她）。

我有一个朋友是位律师，事业上很出色。女儿13岁时来了初潮，她告诉女儿，这是女孩子身体走向成熟的开始，她主动把

避孕套拿给女儿，告诉女儿避孕套的功能，并向女儿演示其用法。女儿很害羞，妈妈怎么跟她谈这种事情？但是，她的妈妈告诉她说：

孩子，这是你必须知道的事情，性是女孩子渴望了解、探知，又难以启齿的事情。这些事情，没有人会亲口对你讲。那个对你有好感的男生不会，父亲不会，只有妈妈会讲。我是"过来人"，我的身体和你一样，躁动过，渴望过，痛苦过，甜蜜过，我比任何人都有发言权，也了解女孩子的身体是怎么一回事，所以我会把有关青春期的特殊反应以及性的知识讲给你。性本来是美好的事情，但在不该发生的年龄里发生，就是一件十分丑陋的事情，让人憎恶。就好比一只苹果，夏天里摘下来吃掉，又酸又涩，难以下咽，是一枚苦果，使人生充满痛苦的回忆。同样是这只苹果，秋天去吃它，却是另外一种味道，又脆又甜，人见人爱。

女儿16岁第一次收到男生的情书时，她没有像别的母亲一样如临大敌，横加干涉、指责，而是笑呵呵坐在沙发上欣赏女儿的情书，然后大夸女儿如何有魅力，如何有异性缘，并向女儿诉苦，她23岁才收到第一封情书呢。

"你比你老妈有魅力。"

女儿在老妈的"鼓励"下，同老妈畅所欲言。妈妈抓住时机，同女儿谈女性身体的结构，谈意外怀孕对女性身体的伤害，谈过早的性对学习的影响……后来，她把女儿和那男生一起约到家里吃饭，并让他们成了好朋友，成功化解了女儿和男生间的"问题"。

这使我想起著名演员濮存昕，在女儿只身去美国时，他偷偷将一盒避孕套放进女儿的旅行箱中。他说，女儿身在异国他乡，爱情将是大洋彼岸独自生活的女儿不能也无法回避的问题，能遇到她喜欢的人，能被一个男孩照顾，能在孤独中有人陪伴，女儿会有一份安全感。作为父亲，有些话不好开口，默默在她包里放上安全套，父母不在身边，无法给孩子更好的保护，那就教她学会自我保护。在很多人看来，濮存昕的做法很羞耻，主动给女儿准备避孕套，这是多数中国父母所不能容忍和理解的。

爱是一份责任。恰恰相反，我认为，濮存昕是一位真正对女儿负责的好父亲，一个称职合格的父亲。

事实上，如果我们父母能够坦荡地和孩子谈起性，很多悲剧是可以避免的。就像本文开头，如果有人早一点告诉怀孕的女生，即使怀孕也不必恐慌，如何妥善处理把伤害降到最低，相信也就不会有开头的悲剧发生了。

在我们所接受的思想观念与文化价值体系中，再开明的父母也会羞于与正在成长中的孩子谈性以及与性有关的话题，孩子绝对不能看有关性方面的书，好像孩子一看就会学坏一样。很多父母在看电视时见到异性亲密接吻的镜头，就会让孩子闭眼，好像在父母眼中，那是不洁的东西。

不能碰，不能知，不能念，不能想……

如果有违反以上"四不"的行为，是绝对不可以原谅的。在家里，避孕工具是绝对不能让孩子看见的，如果不小心看见，或者孩子主动问起那是做什么用的，父母就会马上避之唯恐不及地藏起来，甚至很生气地呵斥孩子问那么多干吗。

孩子虽然不懂，但他心里有隐约或朦胧的意识，这是性在他心里自然而然地苏醒、渴望到渐至成熟的过程。回避，阻挠，封闭，只会加强他的好奇心、探知欲，只会让他越来越强烈地想去触摸性、了解性。

　　孩子身体的发育过程在父母"刻意封闭"的状态下进行，遇到各种各样的疑问或困惑后孩子只能偷偷"自行解决"。作为父母，我们是否想过，我们也曾是十几岁的孩子，也曾在懵懂的年龄里不知所措。所以，怎么样让孩子了解性，并正确地认知性，是父母教育青春期孩子的关键。当他知道了什么是性，性在什么情况下有益于身心健康，什么情况下危害身体健康，即使孩子真的一时做了"糊涂事"，也不会用极端的方法去解决。

第五章
每个孩子都是牛顿

给孩子异想天开的机会

◎ 案例：急转弯测试题

小时候，大家经常玩脑筋急转弯的游戏。最常见的是到底是九只还是一只不剩的故事。我们老家那地方把这个故事当作检验孩子傻不傻的智力标准。若是答得不好或答不上来，大人就认为脑袋不灵。

我妈也用这个故事检验过我。

她问我，树上有十只鸟，一枪打掉一只还有几只？我如实回答：还有九只。我妈就说，你真笨，怎么能剩九只呢？我据理力争，十只打死一只当然只剩九只了。难道不是九只小鸟是七只吗？十个减一个，老师教的，没错啊。我妈说，傻孩子，你错了，一只不剩。我再次计算了一下，十减一等于九。我妈也坚持她的答案：一只不剩。

我不明白为什么是这样的答案。就在我还没有来得及思索时，我妈告诉了我谜底，是打掉一只，但剩下的九只听到枪声不都吓跑了吗？

原来如此，我怎么没想到呢。

长大以后，我才明白，我的答案是数学上的答案。妈妈的答案是"经验性答案"，是急中生智。她的答案没有错，我的答案也没有错。只是，她的答案比我的更有创意。我的答案规规矩矩，缺少思考和机灵。

◎ 分析：一件事情的 N 个答案

有一次看书，再一次看到小时候妈妈跟我玩的脑筋急转弯题，书本上回答这个问题的是一个美国小朋友。妈妈与他的对话是这样的：树上有十只鸟儿，打死一只还剩下几只？她问完这个问题以后，她调皮的儿子没回答她的问题，而是反问了妈妈多个问题：

"妈妈，你确定这只鸟儿完全死掉了吗？"

他妈妈一愣，显然没有想到儿子会这样反问她，所以也不知道如何回答儿子。这时儿子再问："妈妈，如果那只鸟被打下来，过几分钟它醒来以后，是不是可以再次飞到树上去？"

妈妈鼓励地看着儿子，儿子继续反问：

"妈妈，如果飞走的鸟儿再次飞回来算不算？"

"妈妈，那里面的鸟儿有没有耳朵听不见的？"

"妈妈，有没有鸟儿不怕死的？"

同样一个问题，美国小朋友的答案有 N 种。

这个问题很多小朋友在幼儿园就遇到过，朋友的儿子跟妈妈玩这个脑筋急转弯时，他的答案是一只不剩，妈妈问他为什么，他告诉妈妈，他的答案是九只，幼儿园的老师说错误，一个不剩是对的。他还告诉妈妈，有的小朋友问老师，那个小鸟被打掉时如果没死，它会不会因为受伤没有药吃最后疼死呢？还有的小朋友问，那只小鸟真傻，它听到枪响不会快一点儿逃跑吗？这样提问的小朋友都被老师批评了。

孩子说完，我想起一个叫轩轩的小朋友，把河流画成了黑色，老师罚她重画，她再一次把河流画成黑色，老师在画的末尾留下这样的评语：请你认真听讲，不要调皮捣蛋，好好学画。回到家里，妈妈看到这样的评语也很生气，把女儿叫到跟前，问她为什么不听老师的话，把河流画成黑色。轩轩眨着黑亮的小眼睛对妈妈说，河流就是黑色的呀，上面有大量垃圾，还有臭味。又有一次，轩轩把河流画成了绿色的。那天她跟妈妈郊游，看到一条河流，河面几乎看不到水，绿色的藻类几乎覆盖了整个河面，回来她就画了一幅画给妈妈看，妈妈无可奈何地看着女儿。在孩子的眼中，一件事情永远有 N 个答案。

多数父母发现孩子的答案与别人的不一样，就认为是错误的。

现在的教育，要求听话，听话的孩子只需要记住答案，不需要思考为什么。

孩子考高分是老师、父母的最高理想，哪管孩子是发散性思维还是僵化思维，哪管孩子以后是不是有创造性。所以，现在有很多人质疑我们的教育刻板、僵化，像八股文一样。

就拿小鸟这件事来说，多数小孩子都答九只或一只不剩，答九只的往往被父母斥责很笨，这么简单的问题都答不出来，正当孩子不知所措时，父母很快说出了答案，然后，就没有了下文。

为什么一只不剩？为什么除了这个答案就不能有其他答案？就像孩子眼中的河流为什么不可以是黑色、绿色或者其他颜色？

◎ 父母应该明白的道理：保护孩子思考的积极性

小时候，我就是一个爱"刨根问底"的孩子。有一次，学校开运动会，会场中间有广播，看不见人却传出好听的声音，我就问妈妈：那个喇叭那么小，里面能装下人来说话吗？

我妈妈告诉我说，能。我说，我怎么看不到里面有人呢？

我妈妈不识字，她根本不知道广播是用无线电波传送的。但她的高明之处就是不解释了，也不管我的为什么，任由你问，你说什么，她就哼哈答应。可是，我的为什么并没有得到解决，我就不停地问，她从不会斥责我哪来那么多为什么，还夸我，长大后肯定有出息。

听到妈妈这样夸我，我小小的心灵充满了无限的激情与喜悦。所以，每次考试，我都会给她拿第一回来。遇到问题时，我妈也通常是"放手"，鼓励我自己想办法，生活中的很多事情，我很快都可以自己"解决"。

当我成了东哥的妈妈以后，发现东哥对世界充满了好奇，我特别注意保护他的求知欲，在孩子面前"装笨"，借机充分调动孩子思考问题的积极性，同时无形中提升孩子发现问题、解决问题的能力，启迪孩子的思维。当他不知道怎么办时，要学会引导，不要很快告诉孩子答案。让孩子自己想，多问几个为什么。如果孩子一时没有好的答案，可以鼓励他与同学交流一下，看看他们是如何想的，说不定另外一个孩子的思维就是发散性的呢，这会让孩子在不经意中收获很多。

培养孩子是个长期的过程，面对孩子的"十万个为什么"，要有耐心，要有爱心，不要因为孩子想错了，没有按照你的思维来，就呵斥他是异想天开。哪怕孩子真的是异想天开，你也不能说这异想天开就不好，人类的很多科学发明以及社会生产力的发展都与异想天开有关，或者说人类的进步需要异想天开。发明电子邮件的大卫，看到邮递员整天骑着自行车在大街上为每一个用户送信件时很辛苦，就想，可否发明一个会飞的邮件？如果邮件自己飞到用户家里，邮递员就可以省去这份辛苦。这的确是一个异想天开的想法，很多人想都不敢想，但是，大卫成功了，也有了我们现在的电子邮件，让世界变得不再陌生与遥远，地球成了一个"小村庄"。

人类的每一次科学进步都来自异想天开。

中国人第一次飞天梦的探索，是六百多年前一个叫万户的人，他想去天上看看，他把自己捆在椅子上，椅子底下放上火箭，点燃的瞬间，他被推高了几米，但炸飞了自己。

这是中国人的第一次飞天梦。虽然他用生命表演了一次在当时看来非常"幼稚可笑"的行为，但是，多年以后，中国人最终实现了自己的飞天梦。可见，异想天开时时推动人类文明的进步。

所以，若你的孩子经常"异想天开"，请不要打击他、斥责他。伟大的科学家爱因斯坦说得好：提出一个问题往往比解决一个问题更重要，因为解决一个问题也许仅仅代表着某种数学或实验技能。提出新的问题、新的可能性，从新的角度去看旧的问题，都需要有创造性的想象力，这种想象力推动着科学的真正进步。爱因斯坦是人类伟大的科学家，他说："我没有什么特殊的才能，不过喜欢刨根问底地追究问题罢了。"

保护好孩子爱问为什么的积极性，给他异想天开的机会，就是开发孩子的想象力和创造性思维。有句话很适合送给孩子以及父母：

思想有多远，我们就能走多远。

这里的思想就是指我们的思维空间，思维空间越大，我们的发展空间就越宽广。

输得起才赢得下

◎ 案例：输得起才赢得下

2013年5月23日下午，四川达州某校组织学生在操场上看电影，某男生买水给两名女生，却忽略了身边的另外一位女生，后来，这名女生喝下了剧毒农药百草枯。小姑娘痛苦地躺在医院里接受治疗，花光了家里所有的钱，她的母亲怎么也不理解女儿为何因为一瓶水而喝下剧毒农药。

朋友14岁的女儿因为没有考上重点中学，进了职业学校，觉得无法面对亲朋好友，给父母写下了遗书喝药自杀，幸亏抢救及时，才避免了悲剧的发生。

一个工作了三年的男生，因为女同事不正眼看他，便跟踪她，在她的住处实施了绑架、纵火，本来是想教训女同事一下，结果造成重度烧伤、毁容，他为此进了监狱。

……

这些令人痛心疾首的事情，每天都在不同的地方发生着，看似都是个例，却又非常有普遍性。通过这些事情，我们不得不反思——现在的孩子到底怎么了，动不动就自杀或伤人？对他人言行稍有不满，他们就会采取暴力手段；父母批评得狠了一点就离家出走，跟父母一刀两断。孩子的心灵脆弱如玻璃，不堪一击。为什么会出现这样的情况？

◎ 分析：是考 100 分好还是 90 分好

孩子每次考试，父母认为满分最好，在他们看来，满分才是完美的表现，也是对以后升学的保证。前一次得了 100 分，后一次得了 90 分，就会斥责孩子不认真，不该丢掉那 10 分，并给孩子下命令，下次一定夺回那失去的 10 分。

我倒是觉得，丢了那 10 分并不可惜，通过这件事，让孩子明白，上次考 100 分，只是对阶段性知识的掌握，不等于你掌握了书本所有知识，还是要从考试中找出自己的不足。哪怕每次都考满分，也不等于人生的每个试卷都是满分，分数只代表你对部分知识的掌握程度，不能代表孩子的全面成长，而人生每天都要面临很多要学的新知识。

新东方董事长俞敏洪说：

"我不喜欢在进入大学以后还跟同学比成绩高低这样的行为，大学里很多同学现在不去比思想是不是独特，而去比一些没有意思的无聊的东西，比家庭背景、比学习成绩、比名牌服装甚至比长相高低。在大学要比的是思想、学识、风度、人品。通过大学四年培养自己的气质和内涵，培养终生竞争力。"

对一个人来说，竞争力很关键。一个不能接受失败的孩子，首先输给了自己，其次意味着在未来的人生路上，他早早地失去了竞争力！

如果 100 分代表孩子一帆风顺地成长，90 分比 100 分少了

10分，这失去的10分代表孩子在奔跑的路上摔的过的10个跟头。成长过程中摔的跟头多，长大了摔的跟头就少了，即使再摔跟头，他的心理承受力也非常强大了。相反，得100分的孩子没有摔过跟头，以后突然摔了跟头他可能无法承受，也难以面对这样的"逆境"。所以，上述故事中的女生会因一瓶不值"三瓜两枣"的水喝下剧毒农药，男生会因女同事不正眼看他就将她绑架，教训她！

好莱坞著名影星史泰龙出生在一个暴力家庭，父亲赌输了就拿他和母亲撒气，母亲喝醉了酒又拿他来发泄，他常常被打得鼻青脸肿、皮开肉绽。高中毕业后，史泰龙辍学在街头当起了混混。20岁那年，一件偶然的事刺痛了他的心。史泰龙开始思索规划自己的人生：从政，可能性几乎为零；进大公司，自己没有学历、文凭和经验；经商，穷光蛋一个……没有一个适合他的工作，他便想到了当演员，不要资本，不需名声，虽说当演员也要条件和天赋，但他就是认准了当演员这条路！于是，史泰龙来到好莱坞，找明星、求导演、找制片，寻找一切可能使他成为演员的人，四处哀求给他一次机会。然而，他得来的只是一次次的拒绝。一晃两年过去了，他遭受到了1 000多次的拒绝。身上的钱花光了，他便在好莱坞打工，做些粗重的零活以养活自己。

两年多的求职失败经历，使史泰龙的心态发生了很大变化。史泰龙开始写起剧本来，一年后，剧本写出来，他拿着剧本四处求导演，又遭遇一次次的拒绝。在他遭遇第1 855次拒绝后的一天，一个曾拒绝过他20多次的导演终于给了他一次机会，而他拍的第一集电视连续剧就创下了当时全美最高收视纪录——他终于成功了！

史泰龙的故事告诉我们：一个怕摔跟头的人永远没有成功

的可能。一个不在乎摔多少次跟头的人，总是有成功的机会与可能。

父母往往认为，一个无能的孩子才会跌跟头，一个没有智慧的孩子才会失败，却忘了一条真理：任何成功的经验都是在失败的摔打中总结出来的。这个道理很多人都知道，但在实际行动中，自己却经不起哪怕一次失败，也从不愿意经历失败，怕被别人嘲笑，怕从此失去现有的一切。

所以，在孩子成长的过程中，父母一直遵循这样的原则：不能让孩子磕着碰着，生怕有一丁点儿的闪失，一路给他创造一条闪光的道路。父母认为唯有如此，孩子才可能有最好的人生。但孩子不受任何伤害真的会对他的人生有益吗？

◎ 父母应该明白的道理：提醒千次，不如跌倒一次

孩子小的时候教他走路，最怕他摔着。如果孩子跌跌撞撞地走路，不小心摔倒了，父母立马冲过去，抱起趴在地上哇哇大哭的孩子，哄他说："宝贝，不怕，有妈妈在呢。"或者拍打着地面，说："都是地不好，怎么能摔疼了我的宝宝呢？妈妈帮你打它。"宝宝为此破涕为笑。

有了东哥以后，我接触的宝妈很多，大家经常在一起交流育儿经验。与东哥同龄的小孩子很多，我发现一个现象，绝大多数小孩子会爬的时候，父母不让他在地上爬，主要是怕弄脏了手和衣服，发现孩子在地上爬不是呵斥就是抱起来，尤其是老人带的孩子。

天暖和以后，我经常带东哥在小区广场玩，东哥玩高兴时会

躺在广场上打滚，你知道，广场的地面不是水泥的就是大理石的，纯棉的裤子爬几次就会磨得不成样子，手当然也会有灰，但我从不呵斥他，只要地面上没水，不凉，没有垃圾，他怎么爬我都不管，只是在旁边看着他玩。一个冬天，东哥七条纯棉保暖裤的膝盖全部磨破。东哥一岁三个月初的某天，在广场上玩着玩着他突然站了起来，接着，大步流星地走了，非常稳当。从此以后，东哥不用我扶，就会走了，他会走就会跑，从不摔跟头。记得东哥在广场上爬的时候，有几位孩子的奶奶好心地提醒我："在地上爬多脏呀？快让他起来。"我没有认可对方的意见，广场地面每天都打扫得很干净，但还是有灰，这很正常，每次东哥的衣服也都会弄脏，但他玩够了回家我会给他换掉，洗干净小手，这也是东哥有时一天要换四五套衣服的原因。东哥一岁半的时候，跑得非常快了，步子迈得跟百米跨栏一样大，每天在家里都会跳舞，他所谓的跳舞就是从地上跳起来，连续好多下，身体轻盈稳健，从不摔跟头。我从不刻意训练东哥走路。他想爬，想在哪儿玩我只是跟随其后，怎么玩随他意。

其他那些总怕磕着的小孩子走路特别慢，事实上那些孩子走路比东哥早，大概10个月或11个月就会走了，但一直走得不稳，歪歪扭扭，时刻要倒的样子，更别说奔跑跳跃这等"高难度"的事。东哥就没有经历这个过程。整个冬天，别的孩子怕感冒吓得不敢出屋，我家东哥即使最冷的天也会跑到外面玩一个小时，极少感冒。那些天天在家里的孩子也并没有因此而减少感冒。

讲这件事不是说我的儿子有多优秀，也不是说我的育儿方法有多好，而是想告诉天下和我一样疼爱孩子的父母：不要怕孩子跌倒！有些孩子的病是捂出来的，穿少了冻着会感冒，穿多了也一样"热感冒"。

人的一生漫长而遥远，不让孩子经历风雨跟太阳永远不落一样不真实。

任何事情都有两面性，热与冷紧紧相连，痛苦与幸福是牵手兄弟，有白天自然有黑夜，只有夏天没有冬天就不叫四季了，没有冬天，春天从何而来？

这就告诉我们一个事实，孩子从小学走路怕他磕着碰着，老是撒不开手，孩子就不可能自由地奔跑。你大胆撒手，孩子可能会摔跟头，但用不了多久，他自己就走得稳健了，否则孩子学走路的时间要比别人多。

孩子跌倒，让孩子自己爬起来，这是最好的"止疼方法"，这是他人生的第一跤，更是人生的第一桶金。虽然这桶金是个负数，但这个负数所带给孩子的感受是深刻的，花多少钱都买不来。

一个孩子从来没有经历过失败，是非常可怕的，就像大地只有冬天没有四季一样可怕。一旦经历了失败，对他可能是毁灭性的打击，会毁掉他的所有信念、理想与勇气。

家长总是不厌其烦地提醒孩子做这做那，到头来，又起到多少作用呢？很多事情，注定了要孩子经历过了才会懂，有些路必须让孩子自己走，哪怕明知前面有坑有注。教育的最高境界就是无为而有为，授人以鱼不如授人以渔。

适当的失败与跌倒，可以历练孩子做人的品质，锤炼他的毅力，让他从失败中学得坚强与勇敢，从而使他的人生得到进一步的升华，让他懂得所有的成功都要靠双手奋斗，都要经历千回百折，要经历若干次失败才能获得，才能收获美好、鲜花和掌声。

与其提醒千次，不妨让孩子跌倒一次。

每个孩子都是天才

◎ 案例：一个傻孩子的种种可能

　　我以前的一个邻居，我叫她阿姨，她有一个妹妹在黑龙江经商。妹妹生了一个孩子，看着不怎么机灵，用孩子姥姥的话说："这孩子看着有点儿傻，没法教。"老太太还告诉自己的女儿："这孩子别让我带。"老太太不带外孙出去，怕人家笑话她女儿怎么生这样一个傻儿子。

　　女儿没有听母亲的话，她不相信自己的儿子比别人家孩子傻。

　　在带儿子的过程中，她发现儿子虽然算起数来比别人慢，但他跳起舞来比别人好。她是位商人，不差钱，于是她花了十万，把儿子送到了北京舞蹈学院。多年后，儿子学成就业，在深圳一所大学里当了舞蹈老师。过年回家时，母亲把所有亲戚请来吃饭，"顺便"看下她儿子"怎么样"。

　　当一位高大英俊的帅小伙出现在大家面前的时候，再没有人说她儿子傻。孩子的大姨也就是我的邻居对我说："你看那孩子现在出息得不敢想象。以前他姥姥经常说孩子傻，现在再也不说了。"

　　我没有见过孩子，孩子所有的情况都是邻居阿姨说给我的。

但我相信，她不会骗我。

我们做一个假设。

假如这个孩子没有这样一位善于观察的母亲，假如母亲真的听从了孩子姥姥的话，这个孩子的人生会怎么样？

因别人说他傻，他的母亲再把他跟那些机灵的孩子比较一下，当她发现孩子的确不如人家，于是，孩子在某些事情上反应慢的时候，她就在一边数落、呵斥儿子，儿子很快就更加自卑。越是自卑，母亲越是责怪，在这种情况下，孩子想不傻都不成。这是平庸母亲的做法。儿子本来平庸，再遇上一个平庸的母亲，就是好孩子也让她教成傻子了。

这位孩子的母亲有慧眼，她发现了儿子的长项——舞蹈。

果然，去了舞蹈学院的孩子变成了一个"机灵"的孩子。如果这位母亲像其他平庸母亲一样放弃对孩子的培养，孩子一辈子都会傻下去，他将从此没有快乐，在社会中找不到自己的位置，他不知道自己是谁，一辈子都会在痛苦的路上独自行走……

◎ 分析：是谁把孩子变成了庸才？

教育家说：每个孩子在某一方面有可能是天才，只不过你没发现而已。

这句话不是哗众取宠，而是自有它的道理。著名歌手周杰伦上高中时，成绩不好，脸上表情也很木讷，做事笨拙，有点儿自闭。但周妈妈注意到自己的孩子从小就对西洋流行乐或古典音乐特别敏感。妈妈在他4岁的时候，送他进钢琴班学琴，他弹得不错。高中钢琴老师说，周杰伦十几岁时，就可以即兴表演。后来，周杰伦果然在音乐上取得了巨大的成功。

你看，因材施教多么重要！

不是所有的孩子上了学就能成为袁隆平那样享誉中外的科学家，成为马云那样纵横商界的企业家，多数父母摊上我邻居妹妹家的孩子，比狼冲进家门还绝望。

把孩子的短处与别人家孩子的长处比，天才也成了庸才。要善于发现和肯定自己孩子的长处与优点，让孩子树立成长的自信。

天才需要适合的生长环境，鱼儿只有在江河湖海里才是鱼，百兽之王的老虎也只有在深山老林里才能成为王者。有天电视上报了这样一则新闻——动物园的一只老虎让一匹马给踢得满嘴流血。

百兽之王哪能受得了这样的委屈？要是在森林里，老虎吃掉一匹马不过是小菜一碟，现在却让马给欺负得满嘴流血。为啥这样？这只老虎从小圈养在动物园，它从没见识过森林，不需要自己捕食，老虎的生存本领全部退化，虽是王者，但与普通动物没啥区别了。

如果出生后就把它放归森林，老虎还是老虎。

本来孩子与孩子间的差别不大，后来的人生之所以拉开了距离，是因为每个人的成长环境和父母的教育方式都不一样。所以，有的孩子成为了所谓的"天才"，一路阳光灿烂地找到了属于自己的人生舞台；有的孩子成了庸才，磕磕绊绊，一直努力都找不到自己的位置。

◎ 父母应该明白的道理：父母的教育方式决定孩子的未来

台湾著名漫画家蔡志忠，他致力于研读中国古籍和佛书，创作出脍炙人口的《庄子说》《老子说》等经典漫画，被翻译成二十几种文字。他的家庭教育方式也为人称道。

有一次女儿考试成绩出来了，语文考 100 分，美术考 100 分，数学考 0 分。你猜人家蔡老师怎么对他女儿说：你太厉害了！太伟大了！孩子不解地看着父亲，父亲告诉她：你数学能考 0 分，很厉害！

蔡老师说：如果她考 59 分，我才替她悲哀。为什么呢，因为她努力了很久，还差 1 分才及格。其实我知道她是直接把数学放弃了，在我女儿很小的时候，她就知道勇敢地抛弃什么，然后全力以赴去做什么，这个就很厉害！因为她已经明确了未来奔跑的方向。

每个孩子都是天才。

他没有成为天才是因为我们不断用成人的理念武断、粗鲁地对他说，你错了，应该这样做。

教育孩子，要从孩子的客观实际出发，从他的长项出发，从他的爱好、兴趣出发，如果孩子对练琴既没天赋，也没兴趣，就是一天练 24 小时，孩子也不会成为像郎朗那样的钢琴家。如果孩子喜欢自然科学，不妨多用十万个为什么引导他，让他真正走近自然，亲近科学的真相。引导孩子发现问题并提出问题，然后自己开动脑筋去解决问题，这会给孩子带来很多乐趣。这个乐趣，让孩子忘记探求科学真相的枯燥，使孩子愿意为发现一些自然的秘密乐此不疲，这是最好的学习动力。

如果你的孩子喜欢琴棋书画，那就多给他营造一些艺术的环境。

如果你的孩子是一个有担当的人，那就让他从小事做起，历练坚强的品质，多做对别人有益的事。

我们自己都不能完美，却要求孩子完美，这不现实，对孩子也是极大的伤害。

就像蔡老师说的，你不能同时追两只兔子，如果同时追两只，你一只也得不到；如果你放弃一只，拼尽全力追一只，这只小兔子很快就能到手。

要从小培养孩子懂得"想要什么"，这样孩子长大后在面临很多选择或岔路时，才能不迷失前进的方向，才能知道如何取舍。

天才也大抵就是这样诞生的。

榜样的力量

◎ 案例：牌友父子

有个小孩叫陈东，他爸爸是无业游民，最大的爱好是打牌。陈东小小年纪什么牌都会，经常偷偷趁爸爸不在家时打牌，赢了钱就去上网，花没了，再偷偷打牌。不到 15 岁，打牌技术炉火纯青。有时父子俩还在一起探讨如何赢对方手中的钱，怎么做手脚让对方看不出。父子俩是远近闻名的打牌高手，他们虽然是父子，但看上去更像是牌友。

还有个小孩，住在我家附近，他爸爸是惯偷，经常拿他当人体掩护，被警察抓到的概率很小。这个孩子也从小就懂得如何"顺手牵羊"。偷窃时出手之快，让你意想不到。后来，他 18 岁偷东西时失手，进了监狱。

陈东和另一个小孩小小年纪就能把打牌和偷窃学习得炉火纯青，"得益"于父亲的"培养和影响"。生活中，孩子经常会用幼稚的行为模仿大人，父母觉得孩子的行为好玩，却从来没有用师者的眼光对待孩子的行为。等到出现了问题，一切为时已晚，只能自食苦果。

◎ 分析：偶像在孩子眼中坍塌的原因

把家比作没有围墙的校园一点儿也不过分。

孩子从出生开始，每天与父母朝夕相处，他天真的眼睛会看着父母的一举一动、一言一行，在他眼中，没有好坏是非对错之分。往往你做什么，他也会跟着做什么。很多小孩子会不由自主地崇拜自己的父亲，问他为什么崇拜，孩子的理由如此简单充分：爸爸很有力气。爸爸可以教我不会的数学。爸爸会讲好多我喜欢的故事。爸爸会给我买很多我喜欢的玩具。爸爸经常带我出去玩。还有的孩子说，我爸是老总，一个月能挣好多钱。有的孩子说，我爸是当官的，管着好多人，很威风。有的孩子说，我爸开奔驰，别人的车都不如他的车好……

在孩子心目中，不管父亲是什么样的人，他都是伟大的，值得仰慕和崇拜。他们能为自己做好多事，也能做很多自己不能做的事。

而等到孩子长到了一定的年龄，这种崇拜感顿无，由无所不能到无所能，甚至瞧不起父母。什么都不懂，还要摆出一堆貌似高深的大道理来说服人。他们讲的故事不再像小时候一样动听；他们的力气抵不过自己；他们的人生哲理已经落后，不适应时代的需要，更不能感动自己；他们的思想不再带给自己新鲜感；他们不再神秘和崇高。偶像就这样在孩子眼中坍塌。

真正坍塌的原因是孩子有了见识，父母还在原地踏步，用老经验对付每天都在接受新事物的孩子。孩子的头脑丰富了，眼界开阔了，而你还在固执己见。如此这般，偶像的光环突然消失也是意料之中的。

❀ 父母应该明白的道理：好父母胜过好老师

有的父母不让孩子说脏话，但自己一激动就会喊爹骂娘。孩子的记忆中自然就会存下父母喊爹骂娘的"生动"情景，下次，他也就无师自通了。

父母不希望孩子从小做个不诚实的人，但经常对孩子撒谎，明明答应孩子下班后给他讲童话故事，陪他去看电影、郊游，却以有事、应酬为由，取消了这些约定。时间久了，孩子认为父母不讲诚信。所以，父母要求他必须完成的事，他也不会放在心上。有的父母不让孩子上网，自己每天一回家就坐在电脑前，不是玩游戏就是网上聊天。孩子自然不服父母的气，凭什么你能我就不能，就因为你是家长？

好的父母是孩子学习上进的榜样。

孩子会从父母身上耳濡目染地学到如何做事，如何思考问题。父母爱骂人，孩子一般也会在冲动时张口骂人。父母喜欢吃辣的，保准孩子也爱吃。为什么西方人吃西餐、中国人吃中餐？因为孩子生下来父母就是那种吃法，孩子跟着父母吃，味蕾有记忆，长大最爱吃的几乎都是父母小时候经常给自己做的。孩子从一出生就目睹父母用筷子，自然而然到了自己能吃饭的年龄就学会了用筷子。

可见，父母的师者作用有多重要。

别以为你平时那些不雅的行为或习惯无所谓。有一位父亲不止一次对我说过：我抽烟喝酒赌博没关系，我儿子不像我这样就行。然而，一位"五毒俱全"的父亲，如何让儿子干净做人？幼小的孩子从出生开始就目睹父亲这些行为，他如何不沾染上父亲的某些坏习惯？

有的父母还说：我小时候可不像孩子这样不听话，到处惹事，就爱与不三不四的人在一起，等等。

为什么自己不这样，孩子就这样了？难道孩子的本质很坏吗？不是的。没有孩子生下来就有这样或那样的毛病，所有的毛病都是在日常生活中养成的，这是一个漫长的日积月累的过程。绝不会有孩子突然变得这样或那样，孩子的变化一定有前因后果，只是大人没有注意到而已。

我们可以从一个孩子的行为语言中，看到自己年轻时的影子。很多父母很难意识到他自己的观念思想、言行举止对孩子日常生活、点滴行为的影响，更不要说对孩子心理与情感的影响。把孩子放在怎样的环境中生活，最后他就会成为这种环境中的"滋生物"。艺术家庭氛围中生活的孩子，长大后就容易成为像父母那样的艺术家。很多年轻人犯了罪，过了几年或十几年的监狱生活，出来以后决心洗心革面，重做新人，但当过去那些狐朋狗友不停地对自己发出"友好"信号时，又渐渐动摇了决心。最后，再次犯罪。第一次犯罪是他自己的原因，第二次犯罪是环境的原因。

教育的问题，不是一加一等于二那样简单。

父母总有一种误区，把孩子送到学校，就是接受教育了。

孩子上学，他接触的都是书本上的知识、成绩单上的数字和每天写不完的作业，但在做人、思想、德育方面，更多的教育来自他生活的家庭，来自与他生活最为亲密的父母，而不是老师。

所以，如果你爱你的孩子，请重视自己作为榜样的力量吧。

闲书里的营养

◎ 案例：撕碎的《爵迹》

朋友的女儿正读初中，每天功课很多，她想给孩子报特长班，最好是音乐舞蹈方面的，希望她长大以后有气质、有修养。女儿呢，根本不听她那套，对于她来说，最大的爱好就是看"闲书"，从郭敬明的《梦里花落知多少》到新近的《爵迹》。母亲一气之下，当着孩子的面把《爵迹》撕了个粉碎。

我问朋友："为什么要这样？"

她说："耽误学习。"

我说："恰恰相反，看闲书也是一种学习，很多智慧、营养，都是从闲书中学习得来的。"

她说："书本还不够她学的呀？你看看她每次考试的成绩，没有一次是前五名，总是在十名左右晃荡，要是她把看闲书的劲头拿出来，早就考第一了！"

"那你女儿当时是什么反应？"我继续问。

"她不屑一顾地看着我说，有本事你把我课本也撕了呀！说真的，当着女儿的面撕碎她最爱看的书，我非常难过，但是我也只能这样，她考不上好大学我比她更难过！"

我虽然不赞同她的观点，但也非常理解她，社会大环境的竞争让一个母亲不得不这样对待孩子。这样的母亲不止她一个，望女成凤的家长也不止她一个。

◎分析：闲书无用论坑了谁

课本枯燥、难懂，然而不学就是文盲。孩子硬着头皮学课本，不爱学也得学，何况还有父母那双眼睛时刻监视着自己的行动，想不学都不成，巴不得你往死里学呢！

我原来单位办公室主任是重点大学中文系毕业的，每次领导让他写材料，他头疼得不行，好在网络发达，他不会写就去网上下载，然后再把本单位的事套进去就成了。有一次，办公室另外一位工作人员与他闹矛盾，跑领导那儿打了他的小报告，揭发他在网上抄其他领导讲话稿的事，他因此被革去了办公室主任一职。

我在想，办公室主任当初能多读几本闲书，提升自己的文字水平，也不至于是这个下场。

现在的父母要孩子读的书永远是"实用的，看得见的，摸得着的"。古人说，书中自有黄金屋，书中自有颜如玉。书是人类千百年来的思想精华，是人类进步的阶梯。可是，我们现在的很多中学生却写不出像样的作文，很多大学生雇用别人替自己写毕业论文，要么就上网去抄，甚至没人觉得这是可耻行为。

抄袭从某种意义上而言是一种偷窃。小偷拿别人的实物或钱，学生写作文去网上抄也是偷拿他人之物。知识是无价的。没有一定的知识储备哪能写出像样的文章？知识储备要花时间和心血，属于自己的劳动成果。恶意抄袭，这种行为比偷更可耻！

为什么校园里会出现这些病态的行为且愈演愈烈？

究其原因，孩子从幼儿园那天起，他不是在阅读中长大，而是在背课本中长大。所以，上学不会写作文，就成了正常现象，家长也不觉得有什么不好。但如果数学考不到 90 分以上，就会如临大敌。

大部分父母对孩子看书的要求仅限于看课本，以提高分数，对"闲书"十分反感。在父母看来，只要孩子能考上名校，就是有知识，就是成功。父母给孩子买的课外书不外乎是学习辅导书之类。小说、散文、诗歌，都列为"牛鬼蛇神"类的禁书。有关陶冶孩子情操、丰富情感与心灵的文字，一概排斥。

记得小学时，老师布置我们写作文，我不会写，又怕第二天交不上，去求哥哥，他不帮我，我就去找妈妈告状。妈妈把哥哥一顿痛骂后，哥哥帮我完成了作文。那篇作文后来成了一篇范文，老师经常在班上表扬我。但从此以后，我爱上了作文，也开始看闲书，只要攒了一点儿零钱，就去买《少年文艺》。7 岁时我读的第一本书是连环画《许茂和他的女儿们》，虽然读得不是很明白，但这本书一直让我记忆犹新，它开阔了我的视野。从那以后，我再也没有找哥哥帮我写作文，每次我的作文仍然是老师点评的范文。

读万卷书，行万里路，书读得多，自然会写出好文章。

事实上，从幼儿园开始，父母已经把孩子的阅读转为功利性阅读，总希望孩子报了作文辅导班就能出口成章。如果写不出好文章，认为花了冤枉钱，白搭工夫。好比感冒，吃了一大堆药，依旧发烧咳嗽，就认为这个医生没水平。

从我自身的经验来看，看闲书的好处不胜枚举。我没有读过大学，看闲书却让我成为了一位作家。

周围的很多人羡慕我的职业，不用每天去搭乘拥挤的公交车上班，也不会为每天下班堵车烦不胜烦，最重要的是，我一边带孩子一边工作。而且，只要身体允许，80岁我依然可以工作。

我从小就喜欢看闲书，一直到现在也没有停止过这个爱好。即使你的孩子不爱写作文，以后不想当作家，也要养成爱读闲书的习惯，读闲书可以开阔孩子的眼界，也更容易培养阅读兴趣。

不然的话——或许你的孩子重点大学毕业，但也可能沦为有知识没文化、有文凭没水平的那类人。有知识没文化虽然不是文盲，但其实与真文盲没啥区别。

◎ 父母应该明白的道理：闲书是营养孩子大脑的维生素

著名作家梁文道说："读一些无用的书，做一些无用的事，花一些无用的时间，都是为了在一切已知之外，保留一个超越自己的机会，人生中一些很了不起的变化，就是来自这种时刻。"

梁文道的意思是读闲书可以改变命运。

读闲书的好处很多。如果你的孩子不爱读课本，那么可以试着让他先看一些闲书，因为闲书耐看，生动、有趣。还可以给孩子讲一些精彩的有教育意义的故事，然后告诉他这些都是从课外书上得来的，并翻给孩子看，这样激发孩子对课外书的兴趣。当孩子对读书产生了兴趣，再跟他讲学习的事，他就不会那么厌倦课本了。

学习不是简单的认字、背诗、背课文。多数父母认为孩子看课外闲书是"不务正业"的表现。有时候，父母把孩子关在屋子里写作业，心里却非常疑虑，老是不放心孩子在房间里到底是写作业还是看课外书，多数家长会借助给孩子送食物的时机，顺便"关心一下"他在做什么。其实，就算孩子打着学习的幌子偷看闲书，也没必要斥责，给孩子讲明学习与看闲书的关系，只要合理安排看闲书的时间，没什么不可。

著名作家龙应台在台湾大学法学系曾做过一场演讲，深入探讨了阅读文学、历史、哲学的价值和意义，她指出：如果说文学有一百种所谓"功能"，而我必须选择一种最重要的，我的答案是"使看不见的东西被看见"。

"我们每个人的人生处境，当然是一个迷宫，充满了迷惘和彷徨，没有人可以告诉你出路何在。我们所处的社会，……何尝不是处在一个历史的迷宫里，每一条路都不知最后通向哪里。就我个人体认而言，哲学就是，我在绿色的迷宫里找不到出路的时候，晚上降临，星星出来了，我从迷宫里抬头望上看，可以看到满天的星斗；哲学，就是对于星斗的认识，如果你认识了星座，你就有可能走出迷宫，不为眼前障碍所惑，哲学就是你望着星空所发出来的天问。"

龙应台大讲多读一些"无用之书"的好处，大量的阅读犹如给人体补钙一样重要。闲书开阔孩子的眼界，能陶冶情操，带给孩子美好的体验，还能激发孩子超凡的想象力，拓宽知识面，增加孩子思想的广度与厚度。最重要的是，闲书里的"营养"是语文课本里不具备的。我读中学时，老师经常让我们写出课文的中心思想，多数同学都写不出来。原因之一是，课本上的文章多数枯燥、难懂，很难写出重点与非重点。

那时，我已经看很多闲书了，尤其是假期，母亲从不管我看什么书。书读多了，就有了写诗的冲动，再后来，写散文，写小说。通过写作抒发自己的真情实感，说明自己的所思所想。没有对闲书的广泛阅读，自然是茶壶里煮饺子——有嘴倒（道）不出。更不可能成为作家了。

图书在版编目（CIP）数据

为什么你的孩子不如别人成功 / 雨桦著 . —北京： 东方出版社， 2018.5

ISBN 978-7-5060-8244-0

Ⅰ . ①为… Ⅱ . ①雨… Ⅲ . ①家庭教育 Ⅳ . ① G78

中国版本图书馆 CIP 数据核字（2018）第 085834 号

为什么你的孩子不如别人成功

（WEISHENME NI DE HAIZI BURU BIEREN CHENGGONG）

作　　者：雨　桦
责任编辑：刘益强
出　　版：东方出版社
发　　行：人民东方出版传媒有限公司
地　　址：北京市东城区东四十条 113 号
邮政编码：100007
印　　刷：北京汇林印务有限公司
版　　次：2018 年 5 月第 1 版
印　　次：2018 年 5 月北京第 1 次印刷
开　　本：880 毫米 ×1230 毫米　1/32
印　　张：7.125
字　　数：190 千字
书　　号：ISBN 978-7-5060-8244-0
定　　价：42.00 元
发行电话：（010）85924663　85924644　85924641

版权所有，违者必究

如有印装质量问题，请拨打电话：（010）85924602　85924603